Ralf Kühlers größter Berufswunsch war es, sich nie die Hände schmutzig machen zu müssen, deshalb wurde er zunächst Autoverkäufer. Als es ihn jedoch als Probekandidat in die Sendung *WETTEN, DASS ...?* verschlug, beeindruckte ihn die Fernsehwelt so sehr, dass er mehr davon wollte. Nach einer Zwischenstation bei Nickelodeon eroberte er schließlich den Teleshopping-Kanal Channel21 (früher RTL Shop), wo er seit 10 Jahren über 500 Stunden jährlich auf Sendung ist und mit Inbrunst solche Dinge wie viereckige Pfannen verkauft. Nebenbei moderiert er Kochshows, Galas, Messen und alle nur erdenklichen Events, online und offline.

Ralf Kühler

Das ist nicht irgendeine Pfanne, liebe Zuschauer!

Die sagenhafte Welt des Teleshoppings

Mit Harald Braun

BASTEI LÜBBE
TASCHENBUCH

BASTEI LÜBBE TASCHENBUCH
Band 60332

1. Auflage: Dezember 2011

Das Buch beruht auf wahren Begebenheiten.
Zum Schutz der Rechte der Personen wurden Namen,
Orte und Details an einigen Stellen verändert.

Dieser Titel ist auch als E-Book erschienen.

Bastei Lübbe Taschenbuch in der Bastei Lübbe GmbH & Co. KG

Originalausgabe

Textredaktion: Henrike Heiland, Berlin
Titelbild: © Olivier Favre, Odenthal; © FinePic, München
Umschlaggestaltung: Pauline Schimmelpenninck Büro für Gestaltung, Berlin
Autorenfoto: © Olivier Favre
Satz: hanseatenSatz-bremen, Bremen
Gesetzt aus der ITC Officina Sans Book
Druck und Verarbeitung: GGP Media GmbH, Pößneck
Printed in Germany
ISBN 978-3-404-60332-9

Sie finden uns im Internet unter
www. luebbe.de
Bitte beachten Sie auch: www.lesejury.de

Der Preis dieses Bandes versteht sich einschließlich
der gesetzlichen Mehrwertsteuer.

Für Merret

Inhalt

Eine Art Vorwort

Heute habe ich für Sie den Bestseller des Jahres: Das erste Buch von Ralf Kühler!

So und nicht anders würde ich vermutlich mein Buch anpreisen, wenn ich es vor die Kameras eines Teleshopping-Senders halten würde. Ist ja schließlich mein Metier! Da Sie dieses Buch aber nun schon in Händen halten, kann ich ruhig einen Gang runterschalten: Schön, dass wir uns mal kennenlernen!

Möglicherweise denken Sie: »Was will der? Warum schreibt uns die Pfeife jetzt auch noch ein Buch? Der kann doch schon vor der Kamera seine Klappe nicht halten!« Ganz einfach: Es gibt noch *so* viel zu sagen. Wollen Sie etwa dumm sterben? Wollen Sie nicht wissen, warum Teleshopping zu Unrecht einen miesen Ruf hat? Dass Teleshopping-Moderatoren nicht alle Holzköpfe sind? Und wieso ein Ex-Autoverkäufer wie ich dabei den Spaß seines Lebens hat? Sie werden die Wahrheit erfahren über sensationelle Putzmittel, erotisch aufgeheizte Kollegen, peinliche Versprecher. Sie werden spätestens nach der Lektüre dieses Buches eine Viereckpfanne mit abnehmbarem Griff haben wollen. Sie lernen die Verkaufstricks im Teleshop-

.chkeit der holden Weiblichkeit ... +++ Überleg

ping kennen und verstehen, oder kurz: Sie werden ein guter Kunde. Und vom wem genau das schlagende Verkaufsargument »Dieser Rock sorgt für Rohre« stammt, erzähle ich Ihnen so nebenbei natürlich auch noch. Ich hab mir sogar schon überlegt, was ich der ersten Leserin, die mir gegenübersteht, bei der Signierstunde ins Buch schreiben würde: »Ich weiß, Sie hatten die Wahl zwischen Vampir, Superarzt und mir. Sie haben die richtige Entscheidung getroffen! Schön, dass Ihnen gefällt, was ich tue. Viel Spaß beim Lesen!«

PS: Wenn viel Lesen nicht so Ihr Ding ist, können Sie auch nur die Häppchen am unteren Seitenrand goutieren – das sind einige verbale Perlen von mir und meinen Kollegen. Das Best-of meiner persönlichen Sammlung aus vielen Jahren Teleshopping. Bon appétit.

mal, ohne nachzudenken. +++ Wenn Sie Single sin

Der Typ mit der Pfanne (oder: Herr Wuttke ist schuld)

Neulich wieder, im Zug. Kommt so ein Herr auf mich zu, Ende fünfzig, Aktenköfferchen, Anzug von der Stange. Ist schon fast an mir vorbei, da hält er plötzlich inne, schaut mich ungläubig an und sagt: »Du, sach ma, bist du nich der Typ mit die Pfannen?«

Ich nicke freundlich und beglückwünsche ihn zu seinem hervorragenden Gedächtnis, klar, der sei ich. »Aber nur die mit Aluguss!«

Da schlägt sich der Kerl auf die Schenkel vor Vergnügen. »Wenn ich datt meine Frau erzähle, der Pfannentyp aus dem Fernsehen, ich glaubs ja nich!«

Es gibt jetzt zwei Möglichkeiten. Entweder er zückt sein Telefon und macht ein Foto von uns beiden, damit er auch beweisen kann, dass er einem leibhaftigen Fernsehfuzzi über den Weg gelaufen ist. Bei Thomas Gottschalk oder Franz Beckenbauer wäre das gar keine Frage – raus das Teil und *whoosh!* Davon bleibe ich aber meistens verschont. Offenbar vertraut man nicht darauf, dass mich irgendwer auf einem pixeligen Handyfoto erkennt. Auch das Aktenköfferchen aus dem Zug geht da lieber auf Nummer sicher und wählt Anwanzvariante zwei:

»Kann ich ma ne Unterschrift, du hast doch sicher so ne Autogrammkarte bei?«

Klar, habe ich. Das Logo des Senders ist fett darauf abgebildet, darunter steht mein Name – falls Fragen aufkommen. Ich will ja nicht verwechselt werden und versehentlich als Zlatko aus BIG BROTHER in die Familiengeschichte des Aktenköfferchens eingehen. Autogrammkarten habe ich eigentlich immer dabei, denn so eine Szene wie im Zug passiert mir ständig. Das Aktenköfferchen nimmt mein signiertes Foto entgegen, schielt auf meine Brieftasche und fragt: »Hasse auch ma zwei, für Oppa?«

Klar, gerne, noch ein Kärtchen für den Oppa, wieso nicht. Was danach passiert, kann ich schon mitsingen. Kaum hat er seine Beute akkurat in den Tiefen seines Koffers verstaut und ist im Begriff, sich zu verabschieden, rutscht es ihm heraus. Es passiert fast allen. Offenbar stehen diese Leute unter massivem Rechtfertigungsdruck: »Du weisse, eijentlich kuck ich so watt ja nich!«

»Was meinen Sie mit *so watt?*«, antworte ich dann immer bemüht freundlich.

»Na ja, dieses Kokoloresfernsehen mit Gewinnspielen und Heizdecken verticken und so – Teleshopping halt!«

Ich würde zwar zu gerne wissen, wieso er mich dann trotzdem wiedererkennt (und wieso wir immer mit Sendern wie 9live in einen Topf geworfen werden: Teleshopsender *haben* gar keine Gewinnspiele – bei uns gibt's nix geschenkt). Aber ich habe es längst aufgegeben, mit meinen Fans auf der Straße darüber zu debattieren, was an Teleshopping so verdammt *bah bah* sein soll, dass es keiner gesehen haben will. Und warum es den Leuten, die

mit! +++ Fußgeruch ist keine Schande. +++ Nutze

ich da draußen treffe, peinlich ist, sich als Teleshopper zu outen.

Ehrlich. Ich wäre doch der Letzte, der für diese Haltung kein Verständnis aufbrächte. Bevor ich vor fast zehn Jahren als Moderator beim RTL Shop (das war einer der Pioniere des deutschen Teleshoppings, neben H.O.T. – heute HSE 24 – und QVC) in das Teleshop-Business einstieg, hatte ich auch so meine Vorbehalte gegen die Marketenderei im Fernsehen. Ich kann verstehen, dass so ein Geschäftsmodell bei vielen Leuten imagetechnisch in der Liga von Bibel-TV oder dem Beate-Uhse-Kanal herumdümpelt. Ich weiß auch, dass es da draußen Leute gibt, die einem TV-Moderator wie mir ungefähr so viel Respekt entgegenbringen wie einem Strauchdieb. Das macht mir nichts aus. Ich weiß ja inzwischen, wie Teleshopping funktioniert – und dass sich hier ein faszinierendes Paralleluniversum im Kosmos des deutschen Fernsehens auftut, dem meines Erachtens viel zu wenig Beachtung geschenkt wird.

Dabei ist Teleshopping ein interessantes Phänomen. Einerseits als florierende Geschäftsidee mit einem riesigen Potential. Andererseits als lustiger Abenteuerspielplatz für Verrückte wie mich, die sich vor der Kamera ausleben und gleichzeitig noch was für das Sozialprodukt der Nation tun können. Die Welt des Teleshoppings ist bunt, amüsant, originell und vor allem: unmittelbar. Ein unmittelbarerer Kontakt zwischen Sender und Publikum ist kaum vorstellbar. Wenn es mir in diesem Buch gelingt, Ihnen nur ein kleines Stück dieser spannenden Welt näherzubringen, bin ich ein glücklicher Mann.

Wobei: Ein glücklicher Mann bin ich längst. Ich mag zum Beispiel meinen Job. Ich freue mich immer noch auf jede Sendung. Auch nach zehn Jahren Teleshopping. Ich habe nicht den Impuls, mich dafür zu entschuldigen. Ich schätze, das ist auch ein Grund, weshalb ich ganz erfolgreich bin in dieser Branche. Es kommt vor, dass ich vierzig Stunden im Monat live sende, im Jahr komme ich auf rund tausend Stunden vor der Kamera, ohne Netz und doppelten Boden. Das kriegt man nicht hin, wenn man seine Arbeit nicht mag. Oder die Leute, für die man arbeitet: seine Zuschauer. Eine überregionale Zeitung aus dem folkloristisch angehauchten Teil Deutschlands schrieb im letzten Jahr einen Artikel über mich. Angeblich sei ich mit tausend Stunden live vor der Kamera der erfolgreichste Teleshopping-Moderator des Landes. Ich lasse das mal so stehen, weil *viel* ja nicht gleich *gut* sein muss. (Ich neige allerdings dazu, der SÜDDEUTSCHEN Recht zu geben – wer bin ich, dass ich die Erkenntnisse einer Qualitätspostille anzweifeln würde?) Ich erwähne das nur, weil der Artikel eine interessante Überschrift hatte: Der Hausfrauenflüsterer. Das klingt ein wenig lustig und ein wenig nett, irgendwo zwischen wohlwollendem Spott und aufrichtiger Anerkennung. Ich muss zugeben: Mir hat das gefallen. Ich hab's als Kompliment aufgefasst. Ich weiß, dass ich vor der Kamera den Kasper mache, aber ich habe kein Problem damit. Ich mach das gern. Ich muss mich nicht verstellen. So bin ich halt. So ernsthaft wie man sein kann, wenn man das fröhliche Leben eines Fünfzehnjährigen führt – für immer. Manchmal fragt mich meine Freundin allerdings, wie es dazu

günstig. +++ Wir haben ein realistisches Mitte

kommen konnte, dass ausgerechnet ich beruflich Pfannen und Damenschlankstützwäsche (!) im Fernsehen verkaufe. Nun. Wie wurde der kleine Ralf Kühler aus Burscheid zum Hausfrauenflüsterer? Die Kurzfassung lautet: Herr Wuttke ist schuld. Aber das hilft Ihnen ja nix. Deshalb hole ich mal ein wenig weiter aus.

Meine Familie war im Baugeschäft. Immer schon. Seit Generationen führen meine Stammesältesten ein Bauunternehmen, und die gesamte (männliche) Sippschaft plagt sich bei Wind und Wetter auf Baustellen ab. Sie kennen das: kernige Jungs in weißen Unterhemden mit Muckis und blauen Helmen, verschorften Händen und schmerzenden Rücken. Bei den Kühlers wurde ehrlich malocht, aber dafür wurde auch amtlich verdient. Und hier kommt Herr Wuttke ins Spiel. Herr Wuttke erschien ungefähr alle zwei Jahre bei uns zu Hause und wurde von meinen Eltern mit einem Sherry auf der Wohnzimmercouch bewirtet. Monsieur Wuttke verfügte über die Ausstrahlung des jungen Richard von Weizsäcker, ganz der distinguierte Staatsmann, mit sonorer Stimme und einem gewinnenden Wesen. Ich liebte es, Herrn Wuttke bei der Arbeit zuzusehen. Was für ein sauberer, gepflegter Mann! Für die Familie Kühler sprang nach jedem seiner Besuche ein neuer Mercedes heraus. Wuttke nämlich war der Außendienstmann der örtlichen Benz-Vertretung. Ich finde, einen besseren Repräsentanten hätte die Nobelkutschenschmiede nicht aufbieten können. Er fuhr stets die neuesten Vorführwagen seines Arbeitgebers, blitzblank gewienert natürlich, und trug farblich dazu passende Anzüge und Lederhandschuhe, mit denen er zärtlich über das Lederlenkrad seiner aktuellen Karosse strich. Mein größter Held in dieser Zeit war James Bond, dicht gefolgt von Jerry Cotton, und dann kam gleich Herr Wuttke. So einen Job wie er wollte ich später auch mal haben.

In meiner Familie führte das zunächst zu leichter Irritation. Wie, der Ralf will nicht auf den Bau? Was hat der Junge denn für Flausen im Kopf? Aber letzten Endes musste sogar mein Vater eingestehen, dass ich über ein gewisses kaufmännisches Talent verfüge. Das kam so: Als kleiner Junge liebte ich es, mich beim Büdchen in Burscheid mit allerlei Krimskrams vom Schokoriegel bis zum Matchboxauto einzudecken. Da meine Mutter irgendwann dahintergekommen war, dass ich die für die Kirchenkollekte am Sonntagmorgen vorgesehene Spende lieber im Kiosk verjubelte, musste ich mir etwas einfallen lassen, um meine Beutezüge zu finanzieren. Ich packte mein schrammeligstes Spielzeug aus dem Kinderzimmer zusammen und erbettelte mir zusätzlich noch ausrangierten Krempel von meinem Bruder und meinen Freunden. Mit diesem fragwürdigen Verkaufsangebot hockte ich mich am Sonntagnachmittag vor das Haus meiner Eltern und passte die braven Burscheider Spaziergänger ab. Offenbar habe ich damals schon intuitiv gespürt, dass die Präsentation von Waren ebenso wichtig ist wie deren Nutzwert:

Als Spielzeugverkäufer trug ich stets eine kurze Lederhose und einen lustigen grünen Tirolerhut, was die Burscheider Damenwelt zu Entzückensschreien animierte. »Was für ein süßer Bengel!« Woraufhin ich ihnen munter meine Preisvorstellungen entgegenkrähte. Die Damen kriegten sich

seien Sie fraulich! +++ Sie brauchen auch kein

gar nicht mehr ein vor Begeisterung und kauften mir bedenkenlos sogar einbeinige Barbies oder pappig gespielte Quartettkarten ab, übrigens zu Rekordpreisen, für Burscheider Verhältnisse. (Falls da irgendwer unbedingt einen Zusammenhang zu meiner Karriere als TV-Moderator erkennen möchte – ich kann es nicht verhindern.)

Trotz meiner ausgewiesenen Talente im kaufmännischen Bereich bestand man in meiner Familie darauf, dass ich erst eine solide Ausbildung machen sollte. Wenn schon nicht auf dem Bau, dann halt in einem anderen Handwerk. Ich dachte mir: Der schnellste Weg zum blauen Anzug von Herrn Wuttke führt über die örtliche Mercedes-Niederlassung. Ich bekniete meinen Vater, er möge mir dort einen Ausbildungsplatz besorgen. Schließlich war der Chef der Niederlassung mit dem putzigen Namen Hasenjäger bei ihm im Schützenverein. So läuft das auf dem Dorf. Ich wurde eingestellt und innerhalb von drei entbehrungsreichen Jahren zum Kfz-Mechaniker ausgebildet. Schweißtreibende Tätigkeiten den ganzen, langen Tag. Statt im blauen Anzug turnte ich im Blaumann durch die Halle. *Bye-bye,* saubere Fingernägel! Das hatte ich mir alles völlig anders vorgestellt.

Ich schrubbte also die Werkstatt und lernte den Mercedes meines Chefs kennen. Hauptsächlich von außen, denn ich durfte ihn nahezu täglich waschen. Von Hand. Ich bin damals wohl schwer traumatisiert worden: Noch heute ertrage ich es nicht, mit einem schmutzigen Auto zu fahren. Meines ist immer blitzblank gewienert. *Immer.*

Nach dem Ende meiner Lehre und einem kurzen Zivil-

ebrauchsinformationen zu fürchten. +++ Der

dienst-Intermezzo als Sanitäter war es endlich so weit: Ich wurde Autoverkäufer. Mein Traumjob. Ich erhielt eine Anstellung als Außendienstmitarbeiter – zwar nicht bei Mercedes, aber wenigstens doch bei Audi. Auf das Vorstellungsgespräch mit dem örtlichen Geschäftsführer und seinem Verkaufsleiter war ich gut vorbereitet. Immer die perfekte Erscheinung von Herrn Wuttke vor meinem inneren Auge, erschien ich natürlich mit einem blauen Anzug. Und der richtigen Antwort auf die Frage, was ich denn zu tun gedenke, wenn mich ein Kunde an der Vordertür rauswarf. »Dann versuche ich, durch den Hintereingang wieder reinzukommen!« Verkaufspsychologie für Anfänger, der Klassiker. Ich bekam die Stelle. Drei Jahre hielt ich durch. Dann war mir klar, dass Herr Wuttke mich ganz fürchterlich getäuscht hatte. Sein Job bestand nicht ausschließlich darin, auf gepolsterten Sofas zu hocken und den Sherry fremder Leute zu kosten. Sein Job war richtig harte Arbeit.

Ich bin meinem Cousin Thomas immer noch dankbar, dass er mich da rausholte. Thomas war der Einzige aus unserer weit verzweigten Familie, der mit Fernsehen zu tun hatte. Inzwischen hatte er es zum Aufnahmeleiter bei WETTEN, DASS ..? gebracht und suchte in dieser Eigenschaft immer mal nach Probekandidaten, mit denen Thomas Gottschalk die Sendung durchgehen sollte. Alles, was ich brauchte, waren vier Tage Zeit. Thomas bot mir 150 Mark am Tag, was mich damals sofort dazu bewegte, Urlaub zu nehmen, meinen Vorführwagen vollzutanken und im Auftrag des Zweiten Deutschen Fernsehens in die Freiheitshalle nach Hof zu fahren. Ich musste nichts können, nicht an Buntstiften lecken oder Gummistiefeln riechen. Ich musste im richtigen Moment nur mal die Klappe halten, das war's. Fürs Reden war Thomas Gottschalk zuständig. Trotzdem hatte ich meinen Spaß. Nach diesen vier Tagen war mir klar: Das, was der Gottschalk da macht, will ich auch. Ich war überwältigt von den Eindrücken hinter den Kulissen, von den Illusionen, die Fernsehen erzeugt. Ich wollte keine Autos mehr verkaufen. (Sorry, Herr Wuttke.) Ich wollte *mehr!* Damals hatte ich natürlich eher so Sendungen wie WETTEN, DASS ..? oder WER WIRD MILLIONÄR? im Sinn. Dass ich mal die Marke »FormSchön« für vollschlanke Madämchen präsentieren und mich ab Mitte Oktober mit einer roten Zipfelmütze vor der Kamera flezen würde, war da noch nicht abzusehen. Aber hey: *Je ne regrette rien!* (Hätten Sie mal in Französisch ein bisschen besser aufgepasst!)

ullkommanochwas-Bereich. +++ Ein Schuss ins

Mein erstes Mal

Kennen Sie diesen Effekt, wenn Sie sich aus drei Metern Höhe selbst zusehen können und sich dabei vor Entsetzen schütteln? Sie denken: Oh Gott! Nein? Dann hatten Sie wohl noch nie eine Nahtoderfahrung und sind erst mit der Hilfe von 750 Volt aus einem Defibrillator wieder zurück aufs Bett geplumpst!? Ich auch nicht. Das Gefühl kenne ich trotzdem. Ich weiß noch genau, wann es mich zum ersten (und bislang einzigen) Mal überfiel. Ich sehe diese schrecklichen Bilder immer noch vor mir: Ralf Kühler hüpft auf einem Bein in einem blauen Anzug und einer Frisur, wie sie Spock in RAUMSCHIFF ENTERPRISE auftrug, in einem Fernsehstudio herum und singt dabei immer wieder »Wir sind Helden, Helden für einen Tag!«. Und zwar in einer Tonart, die David Bowie ganz sicher nicht für diesen Song im Sinn hatte.

Furchtbare Erinnerungen. Ich weiß noch, dass ich dachte: »Boah, dieser Kühler, der kann ja nicht mehr alle Latten am Zaun haben, wie der sich aufführt. Peinlich!« Vermutlich war es eine Art Persönlichkeitsübertragung. Andere Möglichkeit: Ich bewohnte eine fremde Galaxie, in der ich zufrieden und seriös als Banker Millionen verdiente,

Becken, und zu Hause ist alles in Ordnung! ++

und sah einem auf die schiefe Bahn geratenen *anderen* Ich aus der Ferne dabei zu, wie es sich zum Affen machte. Irgendwas in der Art wird es gewesen sein. Leider bin ich dann nicht bei diesem Bankentycoon geblieben, sondern zurück in den Körper des peinlichen Boom-Box-Kühler geschlüpft. Ich hatte keine Wahl. Das hier *war* schließlich mein Leben, ich hatte es mir selbst so ausgesucht.

Im Nachhinein würde ich sagen: Sooo schlimm, wie es mir damals im ersten Moment vorkam, war mein erster Auftritt als Teleshopping-Moderator für den neu gegründeten RTL Shop gar nicht. Okay, ich trug diese Frisur und den blauen Anzug wirklich. Ja, ich verhökerte in meiner allerersten Verkaufsshow einen Kassettenrecorder, mit dem man auch CDs abspielen konnte. Selbst die Musikauswahl stimmt, *Heroes* von David Bowie musste es damals sein. Aber niemandem außer mir kam das besonders merkwürdig oder gar absurd vor. So funktioniert das eben beim Teleshopping: Das Produkt mag unschön und klobig sein, aber es ist preiswert und der Moderator so gut drauf wie ein Brummkreisel – dann läuft die Sache schon irgendwie. Ich muss zugeben, dass ich eine Zeit brauchte, um mich in der Praxis des Teleshoppings zurechtzufinden.

Meinen Karriereverlauf beim Fernsehen hatte ich mir bis dahin ein wenig anders vorgestellt. Ein paar Jahre lang war ich schließlich ein seriöser Moderator beim Kindersender Nickelodeon gewesen und hatte dort unter anderem eine recht populäre Call-in-Show moderiert. (Meine schamlose Penetranz und mein loses Mundwerk – plus ein kleines bisschen Glück – hatten diesen Karrieresprung möglich gemacht, als ich gerade ein Praktikum bei RTL absolvierte.) Auch bei VOX mischte ich mit, in einer Sendung mit dem vielversprechenden Titel CLEVER. Okay, ich lag auch schon in Hans Meisers NOTRUF als Leiche im Bild, niedergestreckt von einem Schlangenbiss. Oder half 17 mal (in Worten: siebzehn!) bei WETTEN, DASS ..? als Probekandidat aus, nur um ein Stückchen näher an dieses geheimnisvolle Pandämonium Fernsehen zu robben. Das waren jetzt auch nicht unbedingt Sternstunden der TV-Unterhaltung gewesen, zugegeben. Aber Teleshopping? Ich bekam zwar von diversen Agenturen seit Jahren regelmäßig Einladungen für Castings zugeschickt, weil man mich da draußen offenbar als perfekten Fernsehverkäufer sah, aber ich hatte bislang genauso regelmäßig abgewunken: Schließlich war ich doch der liebe Kindermoderator, der kein Wässerchen trüben konnte. Bratpfannenfernsehen – wie ich Teleshopping insgeheim nannte – hatte ich bislang damit verbunden, dass man nachts um drei in eine schlecht synchronisierte Show der amerikanischen Kollegen zappt, deren Produktpräsentation im Wesentlichen daraus bestand, dass sie sich an den Kopf fassten und brüllten: »Das ist ja *unglaublich!*«

Als Nickelodeon dann 1999 in Deutschland seinen Laden dichtmachte, hatte ich ein kleines Problem: Ich war vom aufstrebenden TV-Moderator bei einem international agierenden Sender zu einem Typen ohne Job geworden, der gucken musste, wie er seine schwangere Frau durchbringen und die auf 30 Jahre finanzierte Doppelhaushälfte abbezahlen konnte. Das ist nicht die Lage,

+++ Die Bilder sind das, was uns vom Radi

in der man gut dotierte Angebote ablehnt. Schon gar nicht, wenn sie von RTL kommen. Den Shop hintendran redete ich mir erst mal schön. Außerdem wurde ich damals nicht von *irgendwem* geködert, oh nein! Walter Freiwald persönlich rief an. Die Stimme von DER PREIS IST HEISS kannte ich seit vielen Jahren, zumal Nickelodeon und sein damaliger Sender QVC in Düsseldorf Nachbarn waren. Außerdem wusste ich seit DER PREIS IST HEISS endlich, was ein Pfund Butter kostete. »Ist der Preis höher oder niedriger als 1,99 D-Mark?« Tja.

Also traf ich Walter Freiwald an einem verregneten Oktobertag zum Gespräch. Er hatte seinen damaligen Geschäftsführer dabei, Heinz Scheve. Die beiden Herren waren topmotiviert. Es war, als ob ich Calli Calmund und Uli Hoeneß gleichzeitig gegenübersitzen würde. Sie empfingen mich in einem Raum, der wie die Laderampe vom Kaufhaus Euskirchen wirkte. Bis unter die Decke stapelten sich vermeintliche Topseller: Staubsauger, Dampfreiniger, Bügeleisen. Ich wusste gar nicht, wo ich mich hinsetzen sollte. Das waren also die Dinge, die ich als zukünftiger RTL-Moderator verkaufen sollte. Mir wurde ganz flau im Magen: Würde ich in Zukunft ein TV-Rudi in seiner gleichnamigen Resterampe werden? Was zum Teufel machte ich hier?

Calmund und Hoeneß aber sind Profis. Sie mussten meine skeptischen Blicke bemerkt haben. Und hatten mich trotzdem innerhalb von Sekunden am Wickel. Sie versuchten es gar nicht erst auf die sonderpädagogische Tour und verzichteten auf rosarote Jobbeschreibungen. Stattdessen malten sie mir auf ein Flipchart, welche

nterscheidet. +++ Dieses Feuerzeug funktioniert

Verdienstmöglichkeiten mir die Sache bieten würde. Dann grinsten sie listig und erkundigten sich scheinheilig, wie ich denn *darüber* denken würde. Die Zahlen klangen nicht schlecht, musste ich zugeben. In Gedanken machte ich auf meinem persönlichen Flipchart kurz die Gegenrechnung auf. Welche Pferdchen hatte ich denn selbst gerade noch laufen, und wie viel brachten die mir so ein? Das Ergebnis: Es waren nur noch ein paar müde Klepper unterwegs, und deren Zahlen klangen nicht nur schlechter. Sie klangen miserabel. Mir war klar, dass ich im Prinzip keine Wahl hatte. Werde ich halt wieder Verkäufer. Fernsehverkäufer. Wo muss ich unterschreiben?

Vier Wochen lang trainierte ich mich anhand unzähligen TV-Materials. Und ich brauchte Training, mein lieber Mann. Schließlich ist es was anderes, siebenjährige Anrufer bei Nickelodeon durch den Vorabend zu lotsen, als zu versuchen, beim RTL Shop Siebzigjährigen eine Langhantel unter den Rollator zu schmuggeln. Klar, ein wenig natürlicher Charme gehört dazu. Ich bildete mir auch damals schon ein, vor der Kamera eine durchaus respektable, sympathische Figur abzugeben. Das allein aber reichte nicht, wie ich schnell einsehen musste. So lernte ich zum Beispiel: Das richtige Leben und Teleshopping haben eine wesentliche Gemeinsamkeit – der erste Eindruck zählt. Ein Schluffi in Sackjeans, ausgeleiertem Sweatshirt und Deichmann-Slippern mag ja in der Schrebergartenkolonie ein Supertyp sein, aber vor einer Fernsehkamera wirkt so ein schlapper Wadenwickel einfach nicht sehr überzeugend und glaubwürdig.

Ein Fernsehverkäufer sollte so rüberkommen, als würde er sich als künftiger Schwiegersohn bewerben. Das bedeutet: »Du musst Zündkerzen wechseln können, darfst aber auch die Kerzen auf dem Tisch nicht vergessen!«

Außerdem schärfte ich mir ein, dass der eigentliche Star im Fernsehen immer das Produkt ist. Ein hässlicher Käsehobel, eine Funken sprühende Synthetikbluse, ein Kassettenrecorder, der aussieht, als habe ihn ein Baggerführer schon zweimal überfahren: egal. *Das Produkt ist der Star!* Da war manchmal durchaus ein wenig Demut geboten, das können Sie mir glauben.

Ein guter Verkäufer sieht natürlich auch keinerlei Defizite bei seinem Produkt. Es *gibt* sie einfach nicht. Probleme damit? Egal. So fragwürdig es einem selbst auch erscheinen mag. Oberste Grundregel: Das Produkt ist super. Supersuper. Es hat *nur* Vorteile. Ausschließlich. Punkt. Konkret sieht das so aus, dass *jede* Eigenschaft ein Vorteil sein kann: Ein Produkt ist zum Beispiel nicht klein, es ist handlich. Eine Decke fusselt nicht, sie ist flauschig. Ein künstlicher Kamin verbraucht nicht viel Strom, sondern er verschont uns vor unerwünschten Gerüchen und der Plage des Holzhackens.

Außerdem ist die Haptik aller Produkte bei der Präsentation von immenser Bedeutung. Ganz wichtig ist es, das jeweilige Produkt stellvertretend für den Kunden anzufassen und zu ertasten.

Ein guter Verkäufer nimmt die Videokamera in die Hand und schmiegt sie an sich. Er streicht über die Klinge eines Messers, als ob er einen schweren Silberklumpen liebkost, und wenn er einen Damenpullover in die Finger

ıs – wie eine Tanne! +++ Ich habe früher

kriegt, dann spürt das Publikum, wie scharf sich das Teil anfühlt.

Ein guter Verkäufer behandelt außerdem jedes Produkt gleich. Egal, ob Kaschmir oder Schmirgelpapier. Jedes Produkt fühlt sich traumhaft an. Immer!

Klingt einfacher als es ist, solche Botschaften glaubwürdig vor die Kamera zu bringen. Wenn Sie es schaffen, von einem elektrisch geladenen Polyacryl-Pullunder im gleichen Moment eine gewischt zu bekommen und verklärt zu strahlen, weil sich der Fetzen angeblich anfühlt wie parfümierte Seide, dann verleihe ich Ihnen den Teleshopping-Oscar.

In harter Arbeit lernte ich, Produkte zu besingen, als handle es sich um Wiedergeburten des Herrn. Bevor ich aber auf echte Zuschauer im Fernsehen losgelassen werden konnte, galt es noch, an meinen rhetorischen Finessen zu feilen. Oder sagen wir mal so: Ich versuchte, mich mit der Psychologie des gemeinen TV-Zuschauers vertraut zu machen, wobei ich mich in dieser Hinsicht auf die vermeintliche Kernzielgruppe stürzte: auf die grauen Panther, Rentner, Pensionäre. Leute, die auch auf Butterfahrten in der ersten Reihe sitzen, nicht bloß bei den öffentlich-rechtlichen Sendern. Zahlreiche Studien verrieten mir, dass sich diese Leute immer darüber freuen, wenn sie bei ihren Einkäufen ein Schnäppchen machen können. Ihnen ist das Preis-Leistungs-Verhältnis wichtig, sie kaufen sich schließlich nicht nur irgendetwas, nein, sie *gönnen* sich was Schönes. Das sind feine, aber entscheidende Unterschiede. Außerdem kommt es immer gut, wenn man seine potentiellen Kunden bei besonders kostspieligen Sachen schon im Vorhinein für ihr störrisches Zucken in Schutz nimmt.

»Klar, ich verstehe, dieser Ring ist nicht ganz billig, den kann sich selbstverständlich nicht *jeder* leisten!«

Natürlich ist das ein bisschen gemein, weil es darauf abzielt, dass sich Oppa Krabulke in seiner Ehre gekränkt fühlt und zum Telefon greift. *Er* kann sich nämlich den Ring *doch* leisten, ätsch! (Ob er ihn auch braucht, steht auf einem ganz anderen Blatt.)

Nach ein paar Wochen hatte ich den Dreh raus. Und wenn mir partout nichts mehr einfallen wollte, weil ich bereits vierzehn unterschiedliche Bezeichnungen für eine schlichte Marmormaserung verwendet hatte, fragte ich einfach meinen Studiogast, was es mit den »fein ineinander verschlungenen Linien« noch so auf sich hatte.

»Wie ist es, Karin, haben Sie schon einmal eine so feine Maserung gesehen?«

Nun lag der schwarze Peter wieder in der anderen Ringecke. Erst wenn Karin, oder wer auch immer mir da gerade gegenübersaß, mit ihrem Verkaufslatein ebenfalls am Ende war, spülte ich ein paar Sätze nach, die eigentlich immer passten: »Kann man nie genug von haben«, beispielsweise, oder einfach nur: »Meine Damen und Herren, greifen Sie zum Telefon, rufen Sie an, bestellen Sie *jetzt*, die Leitungen sind für Sie offen!«

Die Jungs an der Kamera, die gerade eine Hand frei haben, fiedeln dann immer gerne auf einer imaginären Geige herum. Dieser Aufruf wird bei Teleshopping-Sendern gern auch Portmonee-Walzer genannt. Dagegen habe ich nichts. Ich bin zwar selbst nicht so besonders musikalisch (dazu kommen wir später noch), aber ich bin ganz sicher, dass ein paar Takte Musik unseren Kunden Beine machen.

Aber zurück zu meiner allerersten richtigen Präsentation. Dem Tag, als der RTL Shop seine virtuellen Tore öffnete und ich zum ersten Mal live vor die Kamera gelassen wurde. An diesem Tag machte mich Walter Freiwald mit einer seiner wichtigsten TV-Weisheiten vertraut. Kurz bevor mein erstes Rotlicht beim RTL Shop aufleuchtete, kam er kurz vorbei, schüttelte mir die Hand und sagte: »Eines solltest du immer im Kopf haben: Du bist hier Marktschreier und Gentleman in einer Person, zu ein und derselben Zeit! Richte dich danach, und du machst einen guten Job.«

Ein paar Minuten später hänge ich mental unter der Hallendecke und kann mir dabei zusehen, wie ich die JVC-Boom-Box anpreise wie ein Mittel gegen Krebs. Ich drücke das Ding an mein Herz wie ein frischgeborenes Baby, streichle zärtlich über seine verchromten Oberflächen, drücke Knöpfe, pule an Kassetten und tanze mit dem Gerät um eine imaginäre brennende Tonne in der Bronx. Und ich singe ganze Zeilen aus *Heroes* von David Bowie mit, die mein Gast Friedhelm von der Firma JVC für den adäquaten Vorführsoundtrack hält. Ich bin nervöser als ein katholisches Schulmädchen beim ersten Flaschendrehen, und was mir meine Producerin ins Ohr sagt, klingt für mich wie gebrochenes Kisuaheli, so wenig bekomme ich davon wirklich mit. Ein Wunder, dass meine erste Teleshopping-Show im deutschen Fernsehen ohne weitere Komplikationen über die Bühne ging. Nach ein paar Minuten verzog sich Walter in die Garderobe, mein Gast hörte auf, seine Nasenhaare aufzudrehen, und mein Puls pegelte sich langsam auch wieder in einem Bereich ein, der meine Überlebenschancen deutlich verbesserte. Nach der Sendung spurtete ich gleich in die Regie.

»Gebt mir Zahlen!«, rief ich Evi, unserer damaligen Producerin zu. Ich wollte schließlich wissen, ob meine Veitstänze unsere Zuschauer zu vielen, vielen Bestellungen animiert hatten – und ob ich in dem Job eine Zukunft hatte. Evi schaute mich bedröppelt an.

»Warte einen Moment.« Sie griff zum Telefon.

»Walter, kannst du mal eben kommen?« Auch Melanie, die Bildmischerin, gesellte sich zu uns. Sie hockten beide auf dem Regiepult wie die Hühner auf der Stange. Ich saß auf einem Stuhl zwei Meter vor ihnen wie ein Schüler, der einen Termin beim Direx hat. Sooo schlecht war ich gewesen, dass die gleich ein Tribunal einberiefen? Ich schwitzte Sturzbäche. Walter trat ein. Er setzte sich wortlos zu den Damen und kippelte ebenfalls auf der Kante des Regiepults herum. Verdammt, was war hier los?

Schließlich brach Evi das Schweigen.

»Du willst deine Zahlen?«

Ich nickte unsicher.

»Okaaay!«

Dann zog Evi hinter ihrem Rücken zwei weiße DINA-4-Blätter hervor. Mit großer Geste hielt sie beide über ihren Kopf, so dass ich die Ziffern darauf lesen konnte. Eine 6 und eine 0.

emieren hatten wir schon, aber wir sind noch

Häh? Bevor ich das kommentieren wollte, hob auch Melanie zwei dieser Blätter hoch. Wieder eine 6 und eine 0.

»Und was sagt der Punktrichter aus Russland?«, fragte Evi grinsend, bevor ich etwas sagen konnte. Auch Walter lachte nun über das ganze Gesicht. Er brauchte seine Punkttafeln gar nicht mehr hochzuhalten.

»Ihr blöden Stinkstiefel!«, blökte ich meine Kollegen an. »Und ich mach mir fast in die Hosen!«

»Na, das solltest du auch«, antwortete Walter »Warte mal ab, was in der B-Note noch für dich rausspringt!«

nicht am Ende - wir haben nämlich noch zwei. +

Zahlen, Fakten, Sensationen

Für Menschen, die Teleshopping immer schon für eine Ausgeburt des Bösen hielten – also Leute wie mich, bis ich mit dem Gegengift behandelt wurde –, möchte ich ein paar grundsätzliche Dinge ansprechen. Dieses Gefühl, sich für seinen Job rechtfertigen zu müssen, wird man ja sonst nicht los. Man muss bloß mal in einschlägigen Internetforen nachlesen: Sofort gewinnt man den Eindruck, dass es sich bei diesem Geschäftszweig um etwas handelt, das sich Hütchenspieler und Kleinbetrüger ausgedacht haben, um arglosen deutschen Hausfrauen das schwer verdiente Geld der Ehemänner aus der Tasche zu leiern. Das ist natürlich kompletter Käse. Wenn dem so wäre, dann hätte Teleshopping nicht diese phantastischen Wachstumszahlen, die in der Branche seit mehr oder weniger als 15 Jahren zu verzeichnen sind.

Es ist einfach ein schlichter Fakt: Teleshopping hat eine Menge Vorteile. Für eine bestimmte Gruppe von Menschen ist es sogar *die* Möglichkeit, selbstbestimmt am Handel teilzunehmen. Weil sie entweder nicht mobil genug sind, Läden in der Innenstadt zu besuchen. Oder weil sie so weit außerhalb der Ballungszentren mit den entsprechen-

ier putzt der Schmutz die Scheibe. +++ Du

den Einkaufsmöglichkeiten leben, dass eine Fahrt in die Stadt immer so aufwändig ist wie eine Flugreise nach Mallorca – sie dauert nur manchmal eben *noch* länger.

Aber bevor wir uns diesen Vorteilen im Detail nähern, ein paar schlichte Zahlen. Der Teleshopping-Sender Channel21 ist mit zwei Kanälen 24 Stunden täglich sieben Tage in der Woche auf Sendung, 12 Stunden davon sendet er live. Dabei verfügt er über einen Kundenstamm von etwa 4 Millionen aktiven Kunden. Aktive Kunden? Nein, nein, damit sind jetzt nicht Leute gemeint, die im Turnverein sind – das sind Menschen, die mindestens einmal bei uns ein Produkt bestellt haben. Im Jahr 2009 hat Channel21 etwa 90 Millionen Euro Umsatz gemacht *Neunzig Millionen!* Na gut, das relativiert sich, wenn man hört, dass allein Cristiano Ronaldo Real Madrid 94 Millionen Euro kostete. Aber Ronaldos gibt's ja auch nicht besonders viele. Es bleibt in jedem Fall eine beeindruckende Zahl.

Mehr davon? Gerne: Im Jahr 2010 lagen die Teleshopping-Erlöse in Deutschland bei 1,4 Milliarden Euro. Wenn man dazu noch bedenkt, dass inzwischen 35 Millionen Haushalte in Deutschland Teleshopping-Sender erreichen können (über Kabel, Satellit und DVB-T wären das etwa 90 Prozent aller Haushalte überhaupt in Deutschland), dann wird klar, wie viel Potential in diesem Business steckt.

Die Marktforschung meint auch herausgefunden zu haben, mit wem man es da eigentlich zu tun hat. Natürlich ist der überwiegende Teil der Teleshopper weiblich und im fortgeschrittenen Alter. Etwa 55 Jahre alt sollen sie sein. Allerdings: Diese Kundschaft mag zwar die Kernzielgruppe sein, doch Teleshopping ist schon lange kein

»Hausfrauenfernsehen« mehr. Der Anteil der männlichen Zuschauer steigt beharrlich an – auch die Auswahl der Produkte wird nach und nach den Bedürfnissen von Männern angepasst.

Und noch eine letzte Information, die etwas über die Größenverhältnisse unseres Geschäfts aussagt: Bei Channel21 arbeiten mehrere Hundert Mitarbeiter daran, dem Zuschauer ein perfekt inszeniertes Produkt in Bild und Ton zu präsentieren, Kundenanrufe entgegenzunehmen, die so gesammelten Daten unmittelbar an die Moderatoren weiterzugeben und natürlich auch das Produkt schließlich beim Kunden auszuliefern. Ein Riesenapparat, der mit großem finanziellem und professionellem Aufwand unterfüttert wird. So schlecht kann das also gar nicht sein.

Okay, ich sehe schon, Ihre Stirn legt sich in Falten. Und jetzt kann ich sogar Ihre Lippen lesen: »Leute, fresst Scheiße – eine Million Fliegen können sich nicht irren!« Na gut. Da ist natürlich prinzipiell etwas dran. Aber ich möchte Ihnen mit den folgenden Zeilen beweisen, dass dieser Hinweis nicht auf das Wesen des Teleshoppings zutrifft. Es gibt nämlich ein paar Argumente für diese Form des Handels, die nicht von der Hand zu weisen sind. Hier sind neun davon:

1. Der Sofa-Faktor

Bequemer geht's doch gar nicht: Beim Teleshoppen kommen mehrere Tausend Produkte im Jahr bei Ihnen zu

assen. +++ Das Schwänzchen darf ruhig auch

Hause vorbei, ohne dass Sie sich auch nur einmal aus ihrer gemütlichen Butze wegbewegen müssen. Was Sie da schon allein an Fahrgeld sparen. Zudem müssen Sie sich nicht durch endlose Gänge in Lagerhallen quälen und sich auf die Suche nach einem Fachverkäufer machen, der Ihnen dann im Zweifel auch nicht helfen kann. Sie müssen nur ein Telefon bedienen können und abwägen, was Sie wirklich brauchen. That's it!

2. Open End

Kein Gesetzgeber sagt Ihnen, wann Sie einkaufen sollen. Keine Ladenöffnungszeiten schreiben Ihnen vor, wie Sie Ihren Tag strukturieren. Beim Teleshopping ist 24 Stunden am Tag geöffnet. Ich freu mich schon auf den Tag, an dem ich zum senilen Bettflüchter werde und meiner Kollegin Gitta um fünf Uhr morgens dabei zusehen kann, wie sie feinstes Geschmeide verkauft und währenddessen wieder einen ihrer gefürchteten Lachflashs bekommt.

3. Die Moderatoren

Wie schrieben es die Kollegen in der Fachpostille ABSATZWIRTSCHAFT einmal so schön, dass selbst ich mir das gemerkt habe, obwohl ich bloß über die Aufmerksamkeitsspanne eines trainierten Schimpansen verfüge: »Der Service beginnt mit stets gut gelaunten und bestens informierten Verkäufern, die jedes Produkt acht bis

sehr klein sein. +++ Warzen sind Viren! +++ E

zwölf Minuten lang detailliert und live erklären.« Acht bis zwölf Minuten – das ist normalerweise schon die Zeit, die sie damit vertun, einen Einkaufswagen und einen Fachverkäufer aufzutreiben, und da ist die Parkplatzsuche nicht mal mit drin. Zudem möchte ich bemerken, dass die meisten Moderatoren ihren Job gerne machen und die Grenze zwischen plumper Fischmarktbegeisterung und gut gelaunter, kompetenter Warenpräsentation durchaus kennen – und es meistens auch hinbekommen, nicht auf die böse Seite zu geraten.

4. Guter Kundenservice

Für den Verbraucher ist es überhaupt kein Risiko, mit einem Teleshopping-Sender zusammenzuarbeiten. Das liegt am günstigen Retourenrecht. Darüber räumen Teleshopping-Sender ihren Kunden oft freiwillig sogar mehr Rechte ein, als vom Gesetzgeber vorgeschrieben. So können Waren aller Art bis zu dreißig Tage lang problemlos zurückgesandt werden. Nicht zuletzt darin sehen Experten die Gründe für den großen Erfolg und die allumfassende Akzeptanz des Teleshoppings in den letzten Jahren.

Aber Vorsicht, Freunde. Blöd sind wir ja auch nicht: Wer sich bei einem Teleshopping-Sender in einer Tour eine LKW-Ladung hübscher Sachen kommen lässt und diese dann systematisch an Tag 28 wieder zurück an den Sender schickt, kommt früher oder später auf die schwarze Liste. Dann darf er sich zwar weiter das Programm anse-

st muschikalt. +++ Die Rose ist die Mutter

hen, aber beliefert wird er nicht mehr. Gibt's natürlich auch, solche Zeitgenossen.

5. Der Impulskauf

Darüber könnte man trefflich streiten. Ist so ein Impuls eine feine Sache oder ein lästiges Übel, das man am nächsten Tag bereut? Fakt ist, dass im Teleshopping sehr viel über den Impulskauf geht, was so viel heißt wie: Man interessiert sich plötzlich für ein Produkt, von dem man ein paar Minuten vorher noch gar nicht wusste, dass es überhaupt existiert. An sich ist das nichts Böses. Nur, wenn man es anders formuliert, klingt es schon ein wenig ambivalenter: Gut gemachtes Teleshopping ist in der Lage, Bedürfnisse zu schaffen und gleich auch zu befriedigen, die man vorher gar nicht kannte. Subtext: Man wäre auch ohne diesen speziellen Einkauf so glücklich wie zuvor. Und ein bisschen wohlhabender. Aber das ist auch nur die halbe Wahrheit. Man muss das von allen Seiten betrachten. Wie schön kann es sein, wenn man im Teleshopping prima Entdeckungen macht?

6. Teleshopping sucht das Super-Produkt (TSDSP)

Stellen Sie sich den Job eines Teleshopping-Kanals vor wie den der Jury für DEUTSCHLAND SUCHT DEN SUPERSTAR (nur ohne Bohlens fiese Bemerkungen). Jeder Sender wählt aus einem irrwitzig großen Angebot an – nicht immer nur tollen – Gütern jene aus, von denen er glaubt, dass sie qualitativ gut sind und sich zu einem vernünftigen Preis verkaufen lassen. Dieses Prinzip nennt man Preselection. Man muss nicht in ein Fachgeschäft rennen und sich von einem Verkäufer (wenn man einen findet, der gerade Zeit hat) mit vielen ungefilterten Informationen vollsülzen lassen, nein: Die Vorauswahl hat der Sender getroffen, und es folgt eine freundliche Präsentation der Gründe, warum das so war. Also, mir hilft das. Ich bin früher immer in Läden gerannt, habe mich informieren lassen und war dann nach einer halben Stunde so verwirrt, dass ich irgendwas genommen habe. Kommt Ihnen das bekannt vor? Ich möchte Ihnen zu diesem Thema mal einen Satz eines ausgewiesenen Fachmannes aufschreiben. Adam Fletcher heißt der Mann, er gründete den T-Shirt-Versender hipstery.com: »Wir leben in einer Konsumwelt, in der belanglose Dinge abschreckend kompliziert sind. Man traut sich ja kaum noch, im Coffeeshop einen einfachen Kaffee zu bestellen. Wenn Alltagsdinge zur Wissenschaft werden, fühlen wir uns dumm. Verbraucher wollen unfrei sein. Sie sind froh, wenn man sie entmündigt.« Skandal? Nee. Die Wahrheit. Heißt es doch bloß: Ein gut informierter Unternehmer verknappt sein Angebot so, dass der Kunde unkompliziert auswählen kann. Nicht mehr, nicht weniger.

7. Qualitätskontrolle

Damit das so perfekt laufen kann, wie oben beschrieben, muss der Sender natürlich die richtigen Produkte

+ Es gibt keine Frage von alt und jung, es gibt

auswählen. Hey, Leute – das klappt nicht immer. Kann ja nicht. Der Mensch ist eine einzige Sollbruchstelle. Manchmal haben wir auch kuriose Merkwürdigkeiten im Angebot, weil unsere hohen Herren geschmacklich entweder auf dem total falschen Dampfer waren oder sich von einem Hersteller beschwatzen ließen. Andere Möglichkeit: Sie haben das Produkt einfach falsch eingeschätzt. In der Regel aber läuft das so: Kleinstunternehmer bis hin zum großen Markenartikler bewerben sich beim Sender mit einem bestimmten Produkt. Dieses wird getestet, der Preis wird gecheckt, seine Marktchance erörtert. Und bloß, wenn all das zur Zufriedenheit des Senders gelaufen ist, wird es in unser Produktportfolio mit aufgenommen. Sie merken es vielleicht nicht bei jedem einzelnen Produkt, aber wenn Sie das Geschäft länger beobachten, werden Sie feststellen: Schund hat im Teleshopping keine Chance.

8. Finden statt Suchen

Normalerweise vertraue ich ja nur den Weisheiten, die ich selbst erfunden habe. In diesem Falle aber möchte ich einmal einen Herrn zitieren, der sich im Bereich Teleshopping bereits so einige Meriten erworben hat, den Berater und Gesellschafter Dr. Konrad Hilbers nämlich. Er sagte einmal etwas sehr Wichtiges über das Teleshopping-Geschäft, dem ich vollkommen zustimmen möchte: »Teleshopping ist ein Medium des Findens, nicht des Suchens!«

Und was meint er damit? Ganz einfach: Sie können sich nicht mit einer festen Absicht vor den Fernseher setzen und sagen: »Jetzt suche ich mir ein paar Laufschuhe aus oder eine Nähmaschine.« So läuft das nicht. Sie müssen schon offen sein für die Dinge, die Ihnen da gerade gezeigt werden, und dann spontan die Vorteile der Live-Präsentation wahrnehmen. Und dann nichts wie hin zum Impulskauf. Siehe oben.

9. Interaktion

Sie müssen nicht darauf verzichten, Ihren Verkäufer mit spezifischen Fragen zu löchern, wenn Ihnen etwas auf der Seele brennt: Rufen Sie an, und mit etwas Glück werden Sie sofort live in die Sendung gestellt. Der Vorteil zu einem Verkaufsgespräch mit Herrn Krawuttke aus dem Baumarkt von nebenan: Der Moderator im Teleshopping-Sender kann Ihnen vor einem Millionenpublikum keinen Quatsch erzählen, ohne dass er sofort auf den Pott gesetzt würde. Herr Krawuttke – nix gegen den Mann persönlich – kann das sehr wohl! Und noch was: Wenn Sie schon mal im Fernsehen sind, dürfen Sie natürlich Kinder, Mann und Omma grüßen!

ıch jeder gewerbetreibende Betrieb. +++ Das ist

Guten Tach, Herr Pasewald!

Zu den grandiosen Vorteilen des Teleshoppings gehört ja, dass sich der Zuschauer sofort in die Sendung einklinken kann. Egal, ob er uns oder die vorgestellten Produkte super findet oder wir ihm total auf den Senkel gehen – theoretisch hat er die Möglichkeit, uns zu loben oder sich ganz persönlich bei uns zu beschweren. Live, und innerhalb von drei Minuten. Er muss nur Glück haben, dass er durchkommt und bei der Senderegie keinen geistesgestörten Eindruck hinterlässt.

Natürlich kann uns das Publikum auf vielfältige Weise Ärger machen. Indem es zum Beispiel einfach umschaltet und unsere Quote in den Keller fahren lässt. Wenn das zu viele unserer Stammkunden tun, haben wir auf lange Sicht ein Problem. Weiterhin hält der Zuschauer den Druck hoch, indem er bloß schaut, aber nichts bestellt. Auch nicht schön. Heißt übersetzt: »Erzähl du mal, Meister, mich kriegst du sowieso nicht!« Gibt es natürlich auch, diese Zeitgenossen. Aber mal ehrlich: Das ist so, als ob ich jeden Tag in den Billardsalon gehen würde, ohne nur einmal mitzuspielen. Das hält man vielleicht ein paar Tage und Wochen durch, aber der Unterhaltungswert eines Teleshop-

im Prinzip das ähnliche Prinzip. +++ Ach, du has

ping-Senders ist in der Regel recht überschaubar, wenn man sich nicht für die Produkte interessiert. Es sei denn, man hat sich in eine Moderatorin verliebt und kann sich nicht sattsehen. Oder in einen Moderator.

(Ich weiß, was Sie fragen wollen. Ja, es sind schon Liebesbriefe für mich an den Sender geschickt worden. Und nein, ich habe mich nicht mit den Damen getroffen.)

Wir sind im Prinzip den ganzen Tag bei unseren Zuschauern zu Hause. Es gibt ein paar Leute, die stehen mit uns auf und bleiben dann zwölf Stunden dran. Das ist einerseits ein wenig furchterregend, andererseits aber auch ein schönes Gefühl. Wie ein Tag mit der Ersatzfamilie. Manche von ihnen nehmen das Angebot, sich direkt zu uns in die Sendung schalten zu lassen, auch mehrmals täglich wahr. Was reden die Leute mit uns? Tja. Die Gespräche drehen sich nicht nur ums Wetter (aber auch), sie erzählen von ihren Erfahrungen mit den Produkten, loben und meckern (dann ist die hohe Kunst der Live-Diplomatie gefordert), aber sie fragen auch gerne mal, wie es den Kindern geht. Manchmal wundere ich mich schon, was die Zuschauer alles von mir wissen. Viele von ihnen hören verdammt gut zu. Allzu viele unbedachte Kommentare kann ich mir *on air* also nicht erlauben – die landen genau dann wieder vor meiner Tür, wenn ich zu Hause keine Gäste erwarte und mein Kopf leer ist. Aber ich finde es gut, dass bei uns wirklich jeder anrufen kann, ohne Einschränkung. Egal, ob privat oder Kasse.

Natürlich sind nicht alle Anrufe erfreulich. Wer bei uns durchkommt, hat die Chance, uns sehr, sehr alt aussehen zu lassen. Wenn er das möchte. Mit hinterlistigen Fragen, frechen Bemerkungen, nöligem Gemecker oder schlichter

ber nen Druck drauf, du! +++ Sie schreitet

Verarsche. Drum ist es immer wieder spannend, wenn die Senderegie sich plötzlich im Ohr meldet und ankündigt: »Du, Ralf, wir haben da eine Frau Besebrecht aus Leer am Telefon, die hat eine Frage zum Produkt!«

Wenn sich das wirklich so verhält, ist alles prima. Über das Produkt meiner Shows weiß ich in der Regel gut Bescheid. Dann mache ich ein paar Scherze und treibe gleichzeitig den Absatz des Produkts in die Höhe, indem ich Frau Besebrecht aus Leer mit gut gelaunter Expertise beeindrucke. Schwieriger wird es, wenn sich Frau Besebrechts Frage zum Produkt darauf beschränkt, warum es so unverschämt teuer sei. Bei QVC (ersatzweise HSE) sei das gute Stück doch deutlich preiswerter gewesen! Jetzt gilt es, die Frau freundlich und zackig abzuwimmeln, ohne in Panik zu geraten – und ohne den restlichen Zuschauern auch nur den kleinsten Verdacht zu lassen, Frau Besebrecht könne Recht haben. So ein Querulant in der Sendung kann einem den Schnitt kaputt machen, wenn man ihn nicht ganz schnell wieder vor die Tür setzt. Noch ekliger wird es, wenn sich ein notorischer Meckerbeutel an der Senderegie vorbeigemogelt hat und mich live erst mal kackfrech von der Seite anspricht. Hatte ich auch schon.

»Herr Kühler, glauben Sie den Scheiß eigentlich selbst, den sie da verzapfen?«, meinte mal ein freundlicher Herr zu mir. »Man kann doch schon an Ihrer Handhabung von dem Gerät sehen, dass Sie davon keine Ahnung haben.« (Es handelte sich um einen Abflussreiniger! Damit bin ich auf die Welt gekommen!) Man darf sich mit diesen Menschen nicht auf eine Diskussion einlassen – manche Leute sind einfach ein klein wenig verbohrt.

regelrecht über unseren Laufsteg! +++ Das hie

Ich persönlich mag es, wenn Zuschauer in die Sendung gestellt werden. Ich schätze mal, 99 Prozent von ihnen kommen nicht in böser Absicht. Die meisten haben einen guten Grund, bei mir vorstellig zu werden. Dieser gute Grund überschneidet sich zwar nicht *immer* direkt mit den kommerziellen Interessen des Senders, aber das ist zweitrangig. Für die Zuschauer zu Hause ist es spannend, wenn da live einer von ihnen durchgestellt wird, außerdem macht Live-Geplänkel so eine Sendung schneller und abwechslungsreicher.

In meiner Sendung MODISCH IN DEN HERBST habe ich einmal dazu aufgerufen, zu erzählen, wie viele Pullover die Kundinnen bereits im Schrank haben. Die Leitungen haben geglüht, und die Zahlen am Ende der Sendungen waren genauso heiß. Statt der durchschnittlich zehn verkauften Pullover hatten sich nun gleich hundert Damen entschlossen, ihren bereits überfüllten Kleiderschrank noch weiter zu fluten. Hundert Pullover. Wenn die alle gleichzeitig aus dem Schrank fallen, haben wir es mit einer handfesten Lawine zu tun. Aber keine Angst, meine Damen, in Rettungsaktionen habe ich Erfahrung: Ich häng mir ein Fässchen um den Hals, und dann genehmigen wir uns einen!

Mit fast allen Anrufern komme ich gut klar. Meistens weiß ich knapp nach der Begrüßung, mit was für einem Typ Kunden ich es zu tun habe. Langjährige Erfahrung, würde ich sagen. Selbst die Nonsens-Anrufer erkenne ich häufig schon während des ersten Satzes. Sie sind einfach so vergnügt von ihrem eigenen Wagemut, dass ihnen das innere Kichern aus den Sätzen quillt wie der Senf aus einem Hot Dog. Und die Stammkunden hat man ja sowieso regelmäßig

st also das entfettete Fett, sozusagen. +++ Das

am Telefon und erfährt von ihnen aus erster Hand, ob es im Urlaub zu viel geregnet hat, ob der Enkel wieder zehn Zentimeter gewachsen ist oder – bei entsprechendem Alter – sich langsam Richtung Komasaufen bewegt.

Neben den Fernsehgeschichten moderiere ich manchmal auch Galas unserer Hersteller, Messen und Events. Bei diesen Gelegenheiten lerne ich viele meiner Zuschauer leibhaftig kennen. Diese Begegnungen sind immer sehr angenehm – ein wenig fühle ich mich dann wie ein Robbie Williams für Pulloverträgerinnen. Aber das ist Kürbetrieb. Bei meinem Alltagsgeschäft im Sender bin ich auf meine Intuition angewiesen, um meine Anrufer einordnen zu können. Bei den meisten gelingt das, wie gesagt, recht schnell. Nur einmal hatte ich dann doch Probleme, herauszufinden, ob es sich nun wieder um ein besonders originelles Witze-Radio handelt, das sich einen Spaß auf meine Kosten erlaubte, oder ob den Anrufer nur ein ungewöhnliches Problem plagt: Bei der Präsentation einer Bettwäsche rief uns einmal ein junger Familienvater an (sagte er jedenfalls) und wollte wissen, ob unser Produkt reißfest sei. Eine gewisse Widerstandsfähigkeit hatte das Material zu diesem Zeitpunkt bereits nachgewiesen, denn als der Herr anrief, stand ich auf dem Bett und hopste darauf herum wie ein Dreijähriger. Nur damit Sie sich meine Arbeitsweise ein bisschen besser vorstellen können.

Nun, war das Bettzeug reißfest? Ich schaute meine Studioexpertin fragend an. Sie schenkte mir den gleichen Blick gratis retour. Wir entschieden uns für die kontrollierte Offensive: »Die Bettwäsche ist nicht nur reißfest, die ist sogar scheuerfest!«

Warum unser Kunde das so genau wissen wollte, war uns nicht klar. Plötzlich hatte ich eine Erleuchtung: »Sie rufen doch nicht etwa aus der Justizvollzugsanstalt Ossendorf an und wollen sich mit unserer Bettwäsche abseilen?«

Da lachte mein Kunde. »Nein, aber ich werde hier auch gefangen gehalten. Von meinen Kindern. Die verlangen von mir, dass ich mit ihnen mit der Bettwäsche Sackhüpfen spiele.«

Manchmal *mag* ich meinen Job bloß, aber häufiger noch *liebe* ich ihn. Das war so ein Moment, auch wenn ich im Rückblick nicht genau sagen kann, ob der Kerl uns einfach nur veräppeln wollte. Egal. Bei den meisten Anrufern ist die Sache vom ersten Moment an klar.

Lassen Sie mich Ihnen die gängigsten Kategorien von Anrufern doch kurz einmal vorstellen, mit denen ich tagtäglich konfrontiert bin:

Die Sauberfrau

Sie sitzt meist schon am frühen Nachmittag vor dem Fernsehschirm und kennt alle unsere Sendungen und Moderatoren. Sie interessiert sich besonders für Putzmittel und Saubermacher jeder Kategorie – damit beschäftigt sie sich in der Praxis jeden Tag bis zum Mittagessen. Ihre theoretische Ausbildung genießt sie anschließend bei uns, den Teleshopping-Sendern. Sie ruft in der Regel bloß ein- bis zweimal im Monat bei mir an, ist dann aber extrem gut informiert und stellt Fachfragen, auf die man besser vorbereitet sein sollte. Sie erinnert sich an

igen, wo er arbeiten soll. +++ Also wer jetzt

Discount-Angebote von Herstellern, die seit Jahren nicht mehr aktiv werben, und lässt sich kein X für ein U vormachen – was sie gerne auch einmal ausdrücklich betont.

Empfohlener Umgang
Sauberfrauen mögen es überhaupt nicht, wenn man sich über ihren Drang zur Reinlichkeit lustig macht – da ist schon jede lässige Bemerkung ein Affront. Als freundlicher und gut informierter Moderator lobe ich sie erst einmal für ihre Ernsthaftigkeit, mit der sie sich der Hygiene in den eigenen vier Wänden widmen, und lasse durchblicken, dass das ja leider nicht mehr in jedem Haushalt Usus sei. (Bei Familie Hempel zum Beispiel, da müsse man mal unters Sofa schauen ...) Das lieben meine Vileda-Frauen und Meister-Proper-Groupies, denn sie sind: Reiner als rein!

Der Fernseh-Winker

Menschen, die an Preisausschreiben teilnehmen, zu Eröffnungen von Möbelhäusern dackeln und auch gerne mal für lau bei einer siebenstündigen Marktforschung mitmachen, sind bei uns im Sender als die enthusiastischen Fernseh-Winker bekannt. Sie rufen dreimal in der Woche an und werden, wenn sie überhaupt durchkommen, meistens schon in der Senderegie abgefangen. Oft sind diese Leute auch namentlich bekannt und läuten ihre Überfälle gern mit einem »Ich habe letzte Woche schon viermal versucht, bei Ihnen durchzukommen« ein. Manchmal

ein Angorakaninchen hat, und das mausert ... +

werden sie tatsächlich bis zu mir durchgestellt, um ihnen nicht das Gefühl der absoluten Nutzlosigkeit zu vermitteln. Vermutlich hatte Eckart von Hirschhausen Recht, als er behauptete, Teleshopping sei auch bloß eine Form der Psychotherapie, weil man Leuten das Gefühl vermittelt, irgendwo dazuzugehören.

Empfohlener Umgang
Schnelle Runden. Der Fernsehwinker will eigentlich nur der Welt mitteilen, dass es ihn gibt. »Huhu, ich bin im Fernsehen, darf ich meinen Schatz grüßen, meine Freunde aus dem Kegelclub *Schnelle Lippe* und alle, die mich kennen?« Das darf er natürlich, und da er zum Produkt selbst nichts weiter beizutragen weiß und schon gar keine Fragen dazu hat, schmeiße ich ihn schnell, aber freundlich mit einem halbfrechen Witz aus der Leitung, den er stets mit einem »Sie sind aber heute wieder ein Schelm, Herr Kühler«-Hohoho-Lachen quittiert. Ich schätze, dass er sich noch Stunden später fühlt, als hätte er ein super Gespräch geführt. Und so soll es sein.

Die einsame Fürsorgliche

Meldet sich eine Dame (eher älteren Jahrgangs) sehr höflich und sehr leise, dann weiß ich: Jetzt ruft wieder meine Großtante an. Nein, natürlich ist das nicht wirklich so. Aber es könnte sein, gemessen daran wie die Dame sich um mich sorgt und kümmert.

»Sie sehen aber heute wieder nett aus, Herr Kühler,

etzt wo es abkühlt, kommt ein leichter Moder

und wie Sie diesen Fernseher erklärt haben – ganz toll. Fast so gut wie gestern die Pfanne, aber da hatten Sie keinen schönen Pullover an. Der sah so kratzig aus, haben Sie den etwa zu heiß gewaschen?« So geht das in einem fort, und da freue ich mich, dass wir keinen direkten Feindkontakt haben, denn sonst würde die Dame mir auch noch mit Spucke die Haare aus der Stirn streichen.

Empfohlener Umgang
Mir ist klar, dass einige meiner »einsamen Fürsorglichen« am Telefon mit mir etwa fünfzig Prozent ihrer Tagesration Konversation bestreiten. Da wird man besser nicht gleich ungeduldig, wenn die Dame sich so schwertut, hin und wieder auch mal über das Produkt zu sprechen. Ich vergesse nie zu erwähnen, dass es besonders nett war, mit ihr zu plauschen, und dass es wirklich schade sei, dass wir das nicht häufiger machen. Ich weiß ja, dass *nette* Moderatoren Schlag haben bei unserer bestellfreudigsten Klientel, den älteren Damen. Deshalb bin ich natürlich nett mit ihnen. Aber es gibt auch noch einen anderen Grund, warum ich so agiere. Er lautet ganz einfach: Ich *bin* eben nett. Und nur ein fieser Möpp, wie der Kölner so schön sagt, kann das verwerflich finden.

Der Besserwisser

Komisch, es sind gar nicht so viele Männer, die bei uns im Sender anrufen. Aber wenn, du meine Güte: Dann sind es zu 99 Prozent Jungs, die ein technisches Handwerk

geruch in Abgang. (Es handelte sich um eingebrann

gelernt haben und im eigenen Keller mit der Märklin-Eisenbahn durch halb Europa gondeln. Sie rufen immer dann an, wenn im HANDWERKERSHOP eine innovative Neuerung vorgestellt werden soll, die im besten Fall auf einem taufrischen Patent basiert. Der Besserwisser belehrt mich dann am Telefon mit nachsichtiger Stimme darüber, dass dieses Produkt entweder a. nicht funktionieren kann, b. bei QVC deutlich billiger zu bekommen sei oder c. sich schon seit Jahrzehnten in seinem Haushalt befinden würde – in ähnlicher Form.

Empfohlener Umgang

Am besten nehmen Sie dem Besserwisser den Wind aus den Segeln, indem Sie ihm zuerst Recht geben. Dann fragen Sie betont bewundernd nach, warum er denn so viel von der Materie versteht und was er alles für Werkzeuge zu Hause hat. Das wirkt eigentlich immer: Beim Mann am Telefon sowieso, weil er nichts mehr liebt, als über sich und seine vielen Begabungen zu sprechen. Aber auch bei den anderen Zuschauern, weil sie durch mein bewunderndes Nicken in dem Glauben bestärkt werden, dass sie all das funktionstüchtige Zeug, dass der Besserwisser hortet, auch haben müssen.

Echte Fans

Ich erkenne sie fast alle sofort wieder, sie folgen mir von Sendung zu Sendung, von Sender zu Sender. Sie finden, ich hätte mindestens WETTEN, DASS ..? verdient, wollen

lch.) +++ Man muss etwas Vaseline auf den Stiel

Autogrammkarten und erkundigen sich in der Sendung, ob mein Kind wieder gesund, die Kommode aus dem Esszimmer entsorgt und mein Kollege X wirklich vom anderen Ufer sei. All das habe ich in den letzten Wochen irgendwann mal erwähnt – aber ganz sicher nicht in einer Sendung.

Empfohlener Umgang
Um den Talk mit meinen Fans nicht zu einer schleimigen Beweihräucherungsshow zu machen, bin ich hier immer besonders frech und versuche, diese Vertreter ein wenig aus der Reserve zu locken. Natürlich mag ich meine Fans, hey, sie haben schließlich schon Geschmack bewiesen. Trotzdem muss ich gerade in diesen Gesprächen darauf achten, ein wenig Distanz zu wahren. Ich bin ja nicht mehr der heißgeliebte Held im Kinderfernsehen ...

Die Verarscher

Dass Teleshopping eine Inkognito-Comedy-Show ist, dieses Vorurteil lässt sich vor allem in Jugendradios und auf YouTube nicht ausrotten. So kommt es, dass immer wieder mal junge Oliver Pochers anrufen und sich über uns und unsere Produkte lustig machen. Meistens sind sie eher laut als lustig. Selten ist das so komisch wie in der TIM UND DUSTIN-Webshow. Die beiden Halbwüchsigen riefen einmal in einer Sendung an, die zwei Kolleginnen mit Beauty-Artikeln bestritten. Mit täuschend echter Stimme erkundigte sich eine ältere Dame (vermutlich

Dustin), ob es denn auch bestimmte Cremes mit Schinkengeruch geben würde, weil sie den so gerne esse. Es gelang den beiden Profis nicht, die Fleischesserin schnell aus der Leitung zu bugsieren – ich schätze, der Begriff Schinken wurde in dem Telefonat etwa dreißig Mal ausgesprochen, zur sichtlichen Verzweiflung der Moderatorinnen, die eigentlich feinste Düfte und edle Cremes verkaufen wollten.

Empfohlener Umgang
Freundlich dumm stellen, das macht sie fertig. Wer sich aus der Reserve locken lässt, geht diesen Spaßvögeln auf den Leim, darauf spekulieren sie ja bloß. An geduldig gleich bleibender Freundlichkeit aber, da beißen sie sich die Zähne aus.

Mein Lieblings-Anrufer

Herr Pasewald ruft beinahe jede Woche an. Manchmal schafft er es in die Sendung, allein schon deshalb, weil er inzwischen bei uns eine Art Kultstatus erreicht hat. Wenn Herr Pasewald einen Tag mal nicht anruft, machen wir uns Sorgen. Es hat keinen Sinn, Herrn Pasewald etwas zu fragen oder zu versuchen, seinen nie abreißenden Redefluss zu unterbrechen. Wenn Herr Pasewald live auf Sendung geht, dann redet er bereits. Wir treffen ihn also mitten im Satz, in dem es meistens um seine Erfahrungen mit einem Produkt geht, das mit Sicherheit gerade *nicht* präsentiert wird. Manchmal grinse ich in die

cifft Zebra auf Prachtblüte. +++ Diese Ohren

Kamera, kniepe mit dem Auge und frage: »Herr Pasewald, wie geht es Ihnen heute am Weihnachtstag?« oder »Lasst ihr im Heim schon wieder die Puppen tanzen?« Es besteht keine Gefahr, dass Herr Pasewald sauer wird, denn ich will meinen Zuschauern mit meinem Nonsens nur den letzten Beweis dafür liefern, dass dieser Mensch gar nicht zuhört. Nie. Ihm reicht es völlig, sein Programm abzuspulen.

Empfohlener Umgang
Einfach 30 Sekunden reden lassen, dann langsam ausblenden wie ein Musikstück im Radio – Pasewald ist ja auch ein echter Hit.

sehen herrlich aus - eine üppige Größe! +++ Tote

Woll Pfanntastisch

Jeder Teleshopping-Moderator hat ein Lieblingsprodukt. Ich bin ein Autofanatiker. Ich würde also schon aus persönlichen Gründen gern behaupten, dass es sich bei meinem Favorit um einen Porsche Carrera oder einen Mercedes der S-Klasse handelt, aber genau zwei Gründe sprechen dagegen: Erstens habe ich als gelernter Kfz-Mechaniker und langjähriger Autoverkäufer genug Karossen für zwei Leben verhökert. (An dieser Stelle noch mal vielen Dank an Herrn Wuttke!) Autos *fahre* ich nur noch, und zwar möglichst schnell. Zu meinen Träumen gehört es, eines Tages mal in einem Rennwagen zu sitzen und ein paar Runden auf dem Nürburgring zu drehen. Ich bin nicht sicher, ob dieser Tag je kommen wird, noch zeichnet sich da nichts ab. Vielleicht sollte ich mich einfach als Kai Ebel verkleiden, in die Boxengasse von Mercedes schleichen und in einem unbeobachteten Moment in einen Silberpfeil hüpfen. So wie Schumi mittlerweile fährt, werden die den Unterschied erst bemerken, wenn die Streckenposten mich an der Veedol-Schikane aus der zerbeulten Kiste ziehen.

Der zweite Grund gegen das Automobil als Lieblingsprodukt: Es ist einfach keine gute Idee, so einen in der Regel

öpfe sind ja voll im Trend, meine Herren, damit

doch recht teuren Wagen im Teleshopping anzubieten. Ich hab's nur einmal erlebt, dass ein Sender das überhaupt versucht hat. Obwohl der kleine bunte Flitzer gar nicht so übel aussah, wollte wohl niemand in Deutschland ohne eine Probefahrt sein neues Gefährt per Telefon bestellen. Nicht mal zum Spartarif von knapp 13 000 Euro, für den er an diesem Tag zu haben gewesen wäre. (Ich bin mal so höflich und verrate den Namen des Herstellers nicht, aber er reimt sich auf Grabowski ... Kleiner Spaß.)

Nein, vergessen Sie das mit den Autos. *Mein* Paradeprodukt wird in Saarbrücken hergestellt, bei der Firma Norbert Woll GmbH. Es handelt sich um ... eine Pfanne!

Tja, dass es mal *so weit* kommen würde, hätte ich in meinen jüngeren Jahren auch nicht gedacht. Ich bin nicht unbedingt als großer Küchenfex bekannt, ein Herd war für mich vor meiner Zeit als Teleshop-Verkäufer bloß das klobige Ding neben dem Bierkasten, an dem ich mir ganz schnell die Finger verbrennen konnte. Erst die Firma Woll und der lang anhaltende Erfolg der Sendung WOLL PFANNTASTISCH auf Channel21 verwandelte mich im Laufe der Jahre in einen Mann, der mit Nahrungsmitteln und Rezepten tanzen kann wie Kevin Costner mit dem Wolf. (Inzwischen war ich sogar einmal als Gast bei DAS PERFEKTE PROMI DINNER auf VOX und bin mit der Silbermedaille nach Hause gekommen, aber davon an anderer Stelle mehr.)

Auf eine Stunde mit Pfannenhotte, meinem Gast bei WOLL PFANNTASTISCH, freue ich mich immer besonders. Das liegt zum einen daran, dass ich diese Pfanne wirklich außergewöhnlich gut verkaufe. Es wäre vielleicht ein wenig weit hergeholt zu behaupten, dass zwischen mir und

können Sie abends mal weggehen und einen auf dic

der Pfanne eine gewisse Seelenverwandtschaft besteht. Ich meine, was soll das sein, eine Pfanne mit einer Seele? Das nennt man doch Ehefrau! (Rumms – und wieder ein Zehner in die Chauvi-Kasse. Auf diese Weise habe ich den Betriebsausflug des Senders im letzten Jahr beinahe allein bezahlt.) Aber ich pflege wirklich ein ganz besonderes Verhältnis zu diesen Geräten: Ich habe selbst ein paar dieser extrem praktischen, handgegossenen Pfannen zu Hause stehen und koche damit, wann immer ich kann. Offenbar spürt mein Publikum, dass ich Ihnen ein Produkt anbiete, an das ich wirklich glaube. Aber natürlich ist der Erfolg der Pfanne nicht ausschließlich mein Verdienst. Das behaupte ich auch gar nicht. Teleshopping ist Teamwork. Und damit Sie einen kleinen Einblick erhalten, wie das funktioniert, möchte ich Ihnen eine ganz normale WOLL PFANNTASTISCH-Show näherbringen.

Gehen wir mal davon aus, dass die Sendung um 12 Uhr läuft.

11:10 Uhr ist für diesen Fall das PPM angesetzt. Im Teleshopping funktioniert ja alles sehr amerikanisch, die USA sind in Sachen TV-Höker weltweit Vorreiter. PPM ist dementsprechend die Abkürzung für Pre-Production Meeting. (Für Anhänger der kategorischen Einsprachigkeit: Das heißt so viel wie Vor-Produktions-Treffen, was zugegebenermaßen nicht sooo gut klingt.) Zu diesem Treffen erscheinen möglichst alle Personen, die irgendwie mit der Show zu tun haben. Als Erstes also einmal der Boss der Sendung.

Ja, der Boss, das muss der Kühler sein, denken Sie jetzt

se machen. +++ Die Glocken läuten richtig, wenn

bestimmt – weil ich immer so viel erzähle. Aber das ist zum Glück für den Sender nicht der Fall. Der Chef einer Sendung ist immer der so genannte *Producer* – oder in diesem Falle die *Producerin*. Heute ist das Jessica, was eine gute Nachricht ist. Jessica hat nichts gegen meine zuweilen grenzwertigen Späße und lässt mich machen, ohne mir über meinem Knopf im Ohr ständig Sachen einzuflüstern, die ich zuletzt von meiner Mutti gehört habe: »Setzt du dich wohl mal ordentlich hin, Ralf«, beispielsweise, oder: »Hör mit diesen schlechten Witzen auf und konzentrier dich auf deine Aufgabe!« Nein, Jessica ist in Ordnung, die würde so was nie sagen.

Für die Bildmischung ist heute Merret zuständig. Sie gehört zu den BiMis, die es wirklich draufhaben. Unterschätzen Sie das nicht. Gerade beim Teleshopping kommt es drauf an, die Produkte im richtigen Moment ins rechte Licht zu setzen, intuitiv zu entscheiden: Kommt jetzt ein Packshot oder vielleicht doch erst der kompetent dreinblickende Gast, nehme ich ein ansprechendes Produktdetail und danach noch mal was fürs Auge, den attraktiven Moderator zum Beispiel? Wenn so eine Show keinen Rhythmus hat und sich nur mit langweilig aneinandergeklebten Bildern von der Stelle bewegt, wird unser Publikum schneller wegdösen als beim FRÜHLINGSFEST DER VOLKSMUSIK.

Hey, es ist doch keine wirklich große Kunst, WETTEN, DASS ..? oder ANNE WILL abzumischen. Michelle Hunziker hübsch ins Bild zu setzen oder ein kurioses Detail aus der Garderobe von Thomas Gottschalk zu zeigen, das kann ja jeder, das ist kein Risiko. Aber bei der Sendung FORMSCHÖN zum Beispiel spielen Fettröllchenverstecker aus elastischen

sie laufen! (Zu den Laufsteg-Models.) +++ Das i

Stoffen die Hauptrolle. Sie werden präsentiert von Damen, die dieses Produkt leider so gar nicht gebrauchen können – da muss man sich schon Gedanken darüber machen, wie man einer solchen Show spektakuläre Bilderfolgen abtrotzt. In dieser Hinsicht ist Merret die Beste in unserem Laden. Sie gehört eigentlich ins echte, große Fernsehen. Sendungen von Merret sehen gut aus und helfen, ein Produkt besser zu verkaufen. Man kann das an nackten Zahlen ableiten – Teleshopping ist ein sehr transparentes Geschäft. Selbst wenn wir künstliche Kaminöfen oder eine Heimsauna anbieten, also Produkte, die erst einmal mit der Hypothek der unfreiwilligen Komik beim Zuschauer vorstellig werden, holt Merret immer ein paar Prozent mehr raus.

Wen hätten wir da noch? Genau: Vicki und Frank. Sie sind in meiner Sendung für die Requisite zuständig. Alles, was die Kamera erfasst und in die guten Stuben unserer Zuschauer schickt, muss schön aussehen. (Im Rahmen seiner Möglichkeiten.) Außerdem muss das richtige Produkt zur rechten Zeit am rechten Fleck stehen. Andernfalls kann Merret es nicht in seiner ganzen Pracht zeigen und ich nur sehr wenig dazu sagen. (Meine Kollegen meinen zwar, das würde auch vollkommen ausreichen, aber wer verkauft denn hier die meisten dieser Pfannen? Na?)

Kommen wir zum heimlichen Star der Sendung. Horst. Bekannt aber nur unter seinem Gütesiegel Pfannenhotte. Er ist mein Gast, wenn es ans Verkaufen von Pfannen geht. Wir spotten immer, dass Hotte im Saarland als Baby nicht in einer Wiege, sondern in einer viereckigen Pfanne gestrampelt hat. Er ist ein Vollblut-Messeverkäufer, ein Mann, der jahrelang an der Front gelernt hat. Es

r Männersauger, so einen Schlauch möchten Sie

gibt nichts, das Pfannenhotte *nicht* verkaufen könnte. Aber es gibt auch kein anderes Produkt, für das er so prädestiniert wäre. Das mag daran liegen, dass er mit dem Hersteller verwandt ist. Hottes Loyalität zur Woll-Pfanne ist nicht bloß aus schnödem Arbeitnehmer-Kodex und der monatlichen Lohnabrechnung geboren. Der Mann kämpft für die eigene Familie.

Damit wäre die Truppe für das Pre-Production Meeting zusammen. Hinzu kommen Kaffee, Nikotin und Hormone – gegen so eine Schnellkonferenz beim Teleshopping-Kanal ist eine Folge SIMPSONS normalerweise müder Kirchenfunk. Wir klären, wann welches Produkt wie lange verkauft wird, wo möglicherweise Probleme auf uns warten und welche Informationen wir besonders betonen wollen, um den Abverkauf der Pfannen zu steigern. Es geht zu wie bei der Taktikbesprechung der deutschen Nationalmannschaft: Wo sind die Schwachstellen des Gegners, wie überrennen wir ihre Verteidigungslinien vor dem Geldbeutel?

Außerdem werden die Zielvorgaben besprochen – Teleshopping ist kein Kindergeburtstag. Auch wenn eine Stunde mit mir vor der Kamera manchmal so aussieht.

11:30 Uhr Maske. In der Maske wird Make-up aufgetragen. Ja, auch bei mir. Ein Fernsehstudio hat die unschöne Eigenart, dass dort Unmengen von grellen Lampen für beste Lichtverhältnisse sorgen. Wappnet man sich nicht mit Rouge und allerlei Tönungscremchen gegen diese Flutlichter, erscheint man den Leuten vorm Fernseher je nach Hauttyp entweder als Wasserleiche oder, wenn's gut läuft, als anämische Kalkleiste. Niemand möchte von Zombies Produktinformationen entgegennehmen – also

auch haben! (Staubsaugerpräsentation mit lang

lassen wir uns schminken. Bei mir gibt's als Bonus noch einen Schwung Haare obendrauf. Nein, nicht als Fifi. Ich benutze japanische »Haare aus der Dose«, weil die Kamera gerade beim Kochen mit der Pfanne das Geschehen auch gerne mal aus der Vogelperspektive aufnimmt. Von hoch oben hätte man dann theoretisch einen prima Blick auf meinen kreisrunden Haarausfall und die schütteren Stellen, die das Schicksal für mich vorgesehen hat. Mit meinen innig geliebten Streuhaaren hingegen wirkt mein Haar wie ein dichter handgeknüpfter Teppich. Und das ist gut so! (In das Geheimnis dieses ganz besonderen Produkts weihe ich Sie an späterer Stelle ein ...)

11:45 Uhr Verkabeln. Settechniker Alex steckt mir ein Mikrofon an die Kochjacke und knipst mir mein »Ohr« an. (Das ist der kleine Knopf im Hörorgan, über den ich die Kommandos aus der Regie von Jessica oder Merret bekomme. Oder die Kommandos von Jessica *und* Merret, was dazu führt, dass ich in diesen Momenten nichts verstehe und einfach mache, was mir gerade einfällt.)

11:59 Uhr ... 5 ... 4 ... 3 ... jetzt schnell noch einen schlechten Gag zum Auflockern ... 2 ... 1 ... ROTLICHT.

»Du bist drauf!«, spricht Jessica in mein Ohr.

»Und wie du drauf bist ...«, säuselt Merret spöttisch.

Ich muss aufpassen, nicht blöd zu grinsen, da habe ich noch nicht mal meine Zuschauer begrüßt. Das hole ich aber unfallfrei nach, nenne den Titel der Sendung, erkläre, worum es eigentlich geht. Dabei feuere ich schon mal einen meiner erfolgreichsten Einzeiler ab:

»Das ist nicht irgendeine Pfanne, liebe Zuschauer!«

Sie haben messerscharf kombiniert: »Hey, das ist doch der Titel dieses Buches? Warum, zum Teufel, ist diese Pfanne denn nun so außergewöhnlich?« Ich verrate es Ihnen einmal so, wie ich es auch live tun würde:

»Sie brauchen eine viereckige Pfanne. In einer viereckigen Pfanne können Sie zum Beispiel 24 Fischstäbchen gleichzeitig, aber auch bis zu sechs Hähnchenschenkel, große Mengen Steaks und Schnitzel scharf anbraten. Die Pfanne ist auch als Auflaufform einsetzbar – deswegen der abnehmbare Griff.«

Meine Mutter reagiert auf dieses Detail allerdings so: »Ja wattn Quatsch. Der geht ja ab.« Erwidere ich: »Aber wenn man die Pfanne in die Spülmaschine stellt, stört der Griff nur. Und in die Spüle passt eine Pfanne auch nicht mit Griff.« Sagt Mama: »Na klar, prima Jung, bring ma eine mit.«

Der Zuschauer reagiert genauso. Das ist das Phänomen Teleshopping. Aber zurück in meine Mustershow. Zu Beginn stelle ich natürlich auch immer Pfannenhotte vor, obwohl den schon jeder kennt, der sich einmal zu Channel21 verirrt hat. Hotte ist ein Original.

Sofort folgt die erste Ermahnung von Jessica.

»Los, komm in die Pötte, wir machen eine Vorschau!«

Okay. Ich sage meinen Text auf.

»Heute im Angebot ... ein Topfset ... Artikelnummer und Preis vom Monitor ablesen ... ein Bräter ... Artikelnummer und Preis vom Monitor ablesen ... ein Pfannenset ... Artikelnummer und Preis vom Monitor ablesen ...«

So spannend kann Fernsehen sein. Aber da geht noch mehr.

eigenen Leben. +++ Da mischen Sie Weiß mit e

»Alle Pfannen und Töpfe gibt's natürlich auch einzeln … macht aber keinen Sinn, denn im Set ist alles billiger!«

Das hätte ein Fischmarktprofi auch nicht besser hinbekommen. Die Kamera geht nah auf eine Pfanne.

Merret meldet sich:

»Du bist *auch* noch im ON!«

»Na und?«, denke ich, »ist das nicht mein Job?«

»Finger aus der Nase!«, präzisiert Merret. Tja nun.

Hotte beginnt sogleich mit der Präsentation einer Viereckpfanne 28 cm. Er hackt mit dem Messer auf die Pfanne ein, als habe er es mit einem weißen Hai zu tun, aber das ist alles Teil des Plans. Er *muss* auf seine Pfanne einstechen. Die ist nämlich aus Titan, und er kann durch diesen Akt barbarischer Aggression besonders gut nachweisen, dass sie nicht kaputtgeht. Nie. Dann erklärt er, warum für ihn nur eine Viereckpfanne in Frage kommt. Und dann kocht, brät und flambiert er, dass sich die Balken biegen.

Merret sagt mir unterdessen die Kameras an. Die 1 hat die so genannte Führung, sie zeigt total, was gerade Spannendes im Studio passiert. Die 2 ist für die Großaufnahmen der Details zuständig, wenn zum Beispiel Pfannenhotte auf sein Erzeugnis einsticht oder sich der abnehmbare Griff der Pfanne gerade *nicht* abnehmen lässt.

»Oh, meine Damen und Herren, das ist der Vorführeffekt«, sage ich dann, an lässigen Tagen auch mal »Scheiße!« – mein Arbeitgeber bevorzugt allerdings Variante a.

Kamera 3 versucht, den Moderator zu zeigen, also mich. Das ist manchmal schwierig, weil ich mich gerne im Studio bewege. Ich hatte schon ADS, da war der Begriff in

.sschen Grau, dann haben Sie ein strahlendes

der Medizin noch gar nicht bekannt. Merret muss das ausbaden, oder der Kameramann der 3.

Jessica teilt mir zwischendurch mit, wie es läuft. In Zahlen ausgedrückt. Meistens vergesse ich das ganz schnell wieder, außer wenn Jessica so etwas sagt wie: »Du liegst jetzt schon zwanzig Pfannen unter Schnitt!« Sie behauptet das etwa zwei-, dreimal im Jahr, um mich zu veralbern, so etwa zehn Minuten vor dem Ende der Sendung, wenn sie weiß, dass ich ohnehin nicht mehr aufdrehen könnte. Wenn ich wirklich eher schlecht verkaufe, gibt sie mir viel früher Druck: »Schieb mal an, du Pfeife!« Dazu setzt sie den Ticker ein. Pfannenhotte und ich flambieren ab sofort wie die Feuerschlucker, meistens klappen die Manöver. Dann wird uns eine Warteschleife gemeldet. Warteschleife als Anrufer = schlecht, das kennen Sie aus eigener Erfahrung. Warteschleife als Teleshopping-Moderator in der eigenen Sendung = gut! Dann wollen mehr Leute die Pfanne kaufen, als Damen in unserem Callcenter (das sich selbstredend in den neuen Bundesländern befindet) am Telefon hocken. Lange Warteschleife = viele Pfannen weg!

»Okay, 120 im Sack«, meldet sich dann irgendwann Jessica. Das bedeutet im Jargon der Ostzone: Planerfüllung! Ab sofort klingt sie mit jeder Zahl fröhlicher, die sie melden kann. Ab sofort können wir ein wenig entspannen.

Könnten wir entspannen, heißt das. Denn manchmal haben unsere Chefs schlicht das Bedürfnis, im eigenen Laden nach dem Rechten zu sehen. Dann entern sie unangekündigt den Regieraum und schauen wichtig. So was

Weiß! +++ Wärme und Feuchte - alle Milben wolle

führt nicht zu besseren Ergebnissen, sondern maximal zu größerer Verspanntheit. Sie kommen trotzdem. Zum Glück haben wir unter uns Subalternen einen Code, mit dem wir uns gegenseitig warnen können.

»Ich komme heute nicht mit ins Kino!«, sagen dann Merret oder Jessica, jedenfalls diejenige, die gerade in der Senderegie den Hut aufhat. Für mich ist es besonders wichtig zu wissen, wann Gefahr droht. Mein lockeres Mundwerk hat mir im Sender schon den ein oder anderen Rüffel eingebracht. So ganz kann ich die Zeitbombe, die irgendwo neben dem Sprachzentrum in meinem Hirn tickt, natürlich nie in den Griff bekommen. Aber ich bewache sie wenigstens ein wenig konzentrierter, wenn ich weiß, dass der Feind mithört. Der *Feind* weiß übrigens inzwischen, dass wir ihn belauern und austricksen, wann immer sich die Chance bietet. Der Code, mit dem wir sein Erscheinen im Studio lange Zeit ankündigten, ist schon einmal geknackt worden. Er lautete »Wer will was von McDonald's?« Bis einer der Schlipsträger genug davon hatte, in den Regieraum platzte und statt einer Begrüßung nur den folgenden einen Satz zur anwesenden Producerin sagte: »Wenn Sie jetzt über Mikro fragen, ob einer was von McDonald's will, schmeiße ich Sie raus!«

Manchmal ist es in unserem Sender halt wie früher in der Schule. Die Lehrer sind doof, und *wir* wollen alle nicht erwachsen werden.

Mittlerweile ist das Fleisch, das Hotte in unserer Wunderpfanne angebraten hat, durch. Es muss jetzt nur noch überbacken werden. Hoffentlich sieht das gut aus. Essen

s - und alle Frauen! +++ Ich höre, die

sieht nicht immer schön aus, selbst wenn es schmecken sollte. In unserem Fall darf es schmecken wie gegrillte Lederhose, Hauptsache, es sieht lecker aus. »Das Auge isst mit« können Sie vergessen. Beim Fernsehköcheln isst *nur* das Auge und sonst gar nichts. Da wäre es natürlich von Vorteil, wenn man Pfanne und Essen auch gut sähe. Der Tag wird kommen, an dem ich das gelernt habe.

»Ralf, du stehst wieder vor der Pfanne«, höre ich Merret meckern, während Jessica mich bloß mit einem genervten »Grmpf!« aus dem Bild verscheucht wie eine lästige Mücke.

Als die Pfanne im Ofen verschwindet, höre ich von Jessica, dass die Telefonleitungen wieder frei sind. Mist. Da habe ich wohl zu lange im Bild rumgestanden. Freie Leitungen = wenig Anrufer. Ein Fall für Hotte, der den Ernst der Lage erkannt hat. Er beginnt zu erklären, warum der Griff an der Superpfanne abnehmbar ist: »Die Pfanne, liebe Zuschauer, die läuft so heiß wie Pamela Anderson am kalifornischen Strand, der abnehmbare Griff aber ...« – jetzt setzt er ein Gesicht auf wie Kinski in einem frühen Edgar-Wallace-Schinken – »... der bleibt cool. Ganz c-o-o-l!«

Der Hinweis, dass die Woll-Pfanne ohne Griff natürlich auch viel besser in Schrank und Spüle passt, ist gar nicht mehr notwendig: 47 Anrufer stürmen zeitgleich zum Telefon.

»Wow – ein abnehmbarer Griff an einer Pfanne, die Fleisch braten und einen gut aussehen lassen kann.«

Ich liebe meinen Job.

Natürlich gibt's gleich wieder eine nette Warteschleife.

Leitungen gehen schon wieder Richtung voll .

Der Ticker rotiert. Ich setze noch einen drauf: »Dieselbe Pfanne kostet nächste Woche 10 Euro mehr – und wir haben nur noch 378 davon im Lager!« Schließlich folgt meine persönliche Erkennungsmelodie, der Spruch, für den mich meine Chefs hassen. Die Zahlen, die dieser Spruch zu verantworten hat – da bin ich ganz sicher – die hassen sie nicht. Nur den Spruch an sich, weil er ihnen unseriös erscheint. Oder weil sie sich dann damit auseinandersetzen müssen, dass wir hier nicht den Grimme-Preis gewinnen, sondern ein paar Pfannen verhökern. Die Warteschleife ist schon eine Minute lang, 134 Anrufer hängen drin. Jessica ahnt, dass ich es wieder tun werde, und stöhnt: »Ralf, lass den Scheiß, die Leitungen brechen uns zusammen.« Aber es ist zu spät. Ich muss ihn sagen, meinen Bingo-Breaker, den Teleshopping-Vollstrecker, der auch den letzten Zweifler zu Hause vor seiner Glotze in helle Aufregung versetzt. Ich brülle: »Wer jetzt nicht kauft, ist selber schuld!«

PS: Auf keinen anderen der von mir angepriesenen Artikel werde ich in der Öffentlichkeit häufiger angesprochen. Der Spruch ist fast immer der gleiche: »Sach ma, sind die Pfannen wirklich sooo gut, wie das im Fernsehen immer rübberkommt?« Meiner Antwort darauf ist eine gewisse Routine ebenfalls nicht abzusprechen: »Nee, die sind noch besser. Kannste ja ausprobieren. Bestell sie dir, du hast ja dreißig Tage Rückgaberecht.«

Übrigens: Sollten Sie mich mal in der Sauna treffen, fragen Sie mich bitte nicht nach dem abnehmbaren Griff!

Die Garage ist voll!

Wenn in unserem Bekanntenkreis eine Hochzeit anstand oder ein Geburtstag, wurde ich von meiner ehemaligen Frau immer sehr genau beobachtet. »Lungerst du wieder in der Garage herum?«, pflegte sie mit besorgtem Unterton zu fragen. Ersatzweise: »Wir können nicht schon wieder was aus deinem Teleshopping-Fundus verschenken. Das ist doch peinlich!«

Solche Sprüche hörte ich mir jahrelang an, im Grunde, seit ich meinen Job als Teleshopping-Moderator angetreten hatte. Aber seitdem kultiviere ich ein sehr großes Loch im Ohr. Schließlich bin ich kein Geizhals, sondern nur jemand, der Geschenke mit Bedacht auswählt. Ich nämlich glaube an mein Portfolio.

»Wenn dir der Teleshopping-Krimskrams so zuwider ist«, entgegnete ich meiner Gefährtin in diesen Minuten immer, »dann entferne ich aus unserer Wohnung auf der Stelle einfach komplett alles, was aus dem RTL Shop oder von Channel21 stammt und stelle es raus an die Straße. Wird schon nicht lange dauern, bis das Zeug weg ist.«

Normalerweise wirkte diese Drohung, schließlich war sie nicht dumm. Da wäre doch auf einen Schlag auch un-

+++ Dieser Rock hat einen Dehnbund, das heißt, d

ser halber Hausstand weg gewesen. Und glauben Sie nicht, dass der nur aus albernen No-Name-Produkten bestanden hätte. Auch der Markenartikler hat das Teleshopping in den letzten Jahren als attraktiven Vertriebsmarkt schätzen gelernt. Tendenz steigend. Ist nur noch eine Frage der Zeit, bis Apple und Boss auch bei uns mitmischen wollen.

Meine Ex-Frau lenkte dann auch immer recht schnell ein und widmete sich der Schadensbegrenzung.

»Ralf, du weißt aber hoffentlich noch, dass Lore schon beim letzten Mal einen Roberto-Totti-Pullover bekommen hat.« (Ersatzweise einen MP3-Player oder einen Kaffeevollautomaten, jedenfalls irgendeins der guten Stücke, die ich während der vorausgegangenen Wochen im Sender verkauft hatte). Ich nickte beruhigend, *klar* weiß ich das noch. In Wahrheit aber hatte ich keinen Schimmer. Wie soll ich denn da den Überblick behalten, bei diesen tausenden und abertausenden von Dingen, die ich im Laufe der letzten zehn Jahre vor eine Kamera gehalten habe.

»Ist doch egal, weißt du: Wenn ich dieses Schmuckstück verschenke, habe ich bei unseren Freunden ein Holz im Herz!« Dann lachten wir beide, und der Streit war abgewendet.

Der gespielte Versprecher ist übrigens nicht von mir, nicht dass Sie glauben, ich wollte mich mit fremden Federn schmücken. Nein, meine Kollegin Bianca hat diesen Klassiker einmal in einer Schmucksendung ausgesprochen: »Wenn Sie dieses Schmuckstück kaufen, haben Sie bei Ihrer Schwiegermutter ein Holz im Herz.« Was wir dann mit dem Stein im Brett anfangen sollen, hat sie uns auf die Schnelle auch nicht verraten können.

Aber es war wirklich völlig schnurz, welches Produkt ich aus der Garage klaubte: Die Leute freuten sich drüber. Außer Richy natürlich, aber das ist ein Einzelfall – zu ihm kommen wir später.

Irgendwann musste mein heimisches Warenlager leider etwas veralten. Denn irgendwann durfte ich unsere Produkte nur noch in begründeten Einzelfällen mit nach Hause bringen. Die Garage war zu diesem Zeitpunkt nämlich bis unters Dach vollgestellt mit Nützlichem aus aller Welt. Der ein oder andere aus Familie und Freundeskreis fand das etwas übertrieben. Ständig wurde ich gefragt: »Sach ma, Kühler – braucht man denn wirklich hundert verschiedene Reiniger?« Nee, natürlich braucht man die nicht. Aber es wäre doch ganz okay, wenn man wenigstens die drei besten kennen würde. Und genau die auch zu Hause hätte. Man braucht natürlich auch keine fünfhundert Pfannen, wenn man nicht gerade die Kantine der Universität betreibt. Aber zwei, drei der besten, die besitze ich natürlich. Sonst wäre Pfannenhotte ganz schön beleidigt.

Zu den Dingen, die meine Leute auch immer wissen wollen, gehört die Frage nach meinen Lieblingsprodukten.

»Sach ma Ralf, watt kannste am besten?«

Das bleibt nicht aus, wenn man so häufig wie ich im Fernsehen zu sehen ist, immer mit einer anderen Reliquie der Warenindustrie im Schlepptau. Sie kennen mein Lieblingsprodukt ja schon: die viereckige Pfanne. Weil ich diese Pfanne verkaufen kann wie Wasser in der Wüste. Ich glaube, die eckige Pfanne werde ich mir noch auf den Grabstein meißeln lassen.

Ein anderes Produkt schätze ich aus sehr persönlichen Gründen: Als ich Mitte der achtziger Jahre bei Nickelodeon in den USA arbeitete, sah ich morgens in der Maske, wie mein amerikanischer Kollege Mike O'Malley mit Pinsel und Farbe versuchte, die kahlen Stellen auf seinem Haupt zu kaschieren. Das war kein schöner Anblick. Ich habe mir damals vorgenommen, im Fall der Fälle auf so einen Hokuspokus zu verzichten. Leider dauerte es nur ein paar Jahre, bis ich mich ernsthaft mit diesem Problem auseinandersetzen musste. Ich wurde mit dem weißen Planeten auf meinem Schädel konfrontiert. Je nach Lichteinfall war meine Tonsur entweder gut oder sehr gut sichtbar. Zu allem Übel wird im Verkaufsfernsehen sehr oft mit großen Spiegeln unter der Decke gearbeitet, um zum Beispiel auch von oben in die Töpfe zu filmen. Man möchte ja sehen, was später auf den Teller kommt und nicht hinterrücks überrascht werden. So bekam der TV-Zuschauer ganz unfreiwillig auch einen Einblick in die traurige Situation auf meinem Haupt. Als ich einen Maskenbildner ganz vorsichtig auf dieses sich auswachsende Problemfeld ansprach, nickte der nur mitfühlend mit dem Kopf und zog ein Döschen aus seinem Wunderkoffer. Dieser Moment veränderte mein Leben. Seitdem ist One Million Hair mein absolutes Superprodukt – neben der Pfanne natürlich. Mit einer Art Salzstreuer werden kurze dunkle Härchen auf meinen kahlen Stellen verteilt und mit Haarspray fixiert. Sensationell. Niemand erkennt, dass es sich um Hilfshaar handelt, der peinliche Toupet-Effekt kann zu einhundert Prozent ausgeschlossen werden. Diese Superhaare aus der Dose gibt es in allen gängigen Haarfarben, und sie kosten knapp dreißig Euro. Gut angelegtes Geld – und das sage ich Ihnen nicht als Teleshop-Moderator, sondern als Mensch und Mann.

(Einmal hatte ich allerdings das Haarspray vergessen, kam in einen unverhofften Platzregen und hatte plötzlich Bartwuchs auf der Stirn. Auch kein schöner Anblick, obwohl man prinzipiell nie zu viele Haare haben kann. Da ist er, der kleine Fehler im One-Million-Hair-System. Aber nichts ist perfekt, das wissen wir ja alle!)

Abgesehen von den Pfannen und dem prima Superhaar wird es schon ein wenig komplizierter, meine Lieblingsprodukte zu bestimmen. Ich möchte ja auch meine Kunden nicht vergrätzen. Also, ich versuche es einmal so: Sie kennen doch die Antwort, die ein Fußballspieler gibt, wenn er nach seiner Lieblingsposition in der Mannschaft befragt wird. Meistens sagt der Mann dann brav: »Ich spiele da, wo der Trainer mich hinstellt!« Langweilig, weiß ich. Aber genau so geht's mir auch. Ganz ehrlich. Egal, mit welcher Idee mein Sender wieder um die Ecke kommt: Ich schau mir das in Ruhe an, drehe und wende die Neuerwerbung von links nach rechts, probiere sie selbst an oder aus, wenn das möglich ist, und dann verhökere ich den Kram. Punkt. Da habe ich null Berührungsängste. Ich finde das professionell. Und mit einer Ku-Klux-Klan-Kapuze oder Tarnanzügen der Wehrsportgruppe Hoffmann kam bisher zum Glück noch keiner um die Ecke.

Zugegeben, jenseits dieser völlig inakzeptablen Artikel gibt es schon das ein oder andere Produkt, mit dem ich meine Schwierigkeiten hätte. Diätpillen zu verhökern zum Beispiel, kann ich mir nicht so gut vorstellen. (Das soll Harry Wijnvoord machen.) Auch Sportgeräte, die dem Käufer absurde Versprechen machen, schrecken mich eher ab. »Ein Waschbrettbauch in 24 Stunden« oder »Rundum fit für Olympia in einer Woche«. Das klingt so dämlich und unglaubwürdig, da hätte ich Skrupel. Außerdem habe ich persönlich mein Sixpack schon. Im Kühlschrank, wo es hingehört.

Wir müssen natürlich auch noch über Schmuck sprechen, eine der tragenden Säulen im Teleshopping-Business. Leider muss ich zugeben: Für Produkte, die ein Juwelier hergestellt hat, bin ich nicht unbedingt der perfekte Moderator. Warum? Nicht, weil ich Geschmeide nicht zu schätzen wüsste. Immer eine gute Idee, wenn man bei jungen Damen punkten will. Durchaus. Es kommt in meinem Fall nur nicht so prima rüber, wenn ich in der Sendung FUNKELNDER GOLDFLUSS (wer hat sich bloß diesen glamourösen Namen ausgedacht?) einen kleinen, feinen Brillantring oder ein paar grazile Ohrringe in die Kamera halten soll. Nicht wegen der Produkte an sich. Sie wirken nur ein wenig verloren im Würgegriff meiner Wurstfingerchen. Eine deftige Böklunder und meine Griffel auf einem Foto – da wäre noch lange nicht klar, wonach der böse Wolf zuerst schnappen würde. Nein, Bling-Bling-Shows sind nichts für mich. Die genieße ich nur als Kunde. Glücklicherweise werden Männer von unseren Produktmanagern auch nur selten als Moderatoren für Schmuck eingesetzt. Wir sind kollektiv eine Fehlbesetzung, es ist also gar nichts Persönliches. »Diamonds are a *girl's* best friend« heißt es doch auch. Das liegt daran, dass Frauen sich mit Geschmeide viel besser auskennen und dementsprechend einfach glaubwürdigere Ratgeber sind. Jungs können in der Regel ein fesches Intimpiercing nicht mal von einem Set Handschellen unterscheiden, wie soll man da kompetent über die Schönheit von Gold und Silber parlieren. Außerdem entfällt bei uns zwangsläufig die Option, die vorgestellten Stücke selbst anzuprobieren: Sofern wir auf Channel21 nicht aussehen möchten, als ob wir EIN KÄFIG VOLLER NARREN nachspielten, sollten wir gar nicht erst drüber nachdenken, ein Collier oder eine hübsche Perlenkette vor Publikum zu tragen.

Noch was: Ich persönlich reiße mich auch nicht gerade drum, künstliche Kamine zu verkaufen. Angeblich sei es gemütlich und ökologisch sinnvoller, sich so ein Ding ins Wohnzimmer zu stellen. Aber mal ehrlich, ist das nicht auch wahnsinnig albern? Ich verstehe ja noch, dass der ein oder andere Spaß daran hat, einer Lavalampe dabei zuzusehen, wie sie Blob für Blob merkwürdige Skulpturen in Orange- und Rottönen hervorzaubert. Das lasse ich als kurioses Halluzinogen gerade noch so gelten. Ein künstliches Kaminfeuer aber kann doch gar nichts, bis auf die Stromabrechnung am Ende des Quartals anzuheizen. Das Ding riecht nicht (was bei echten Kaminen doch fünfzig Prozent des Genusses ausmacht), außerdem gibt's dabei keine herrlichen Knatter-Geräusche, die harzendes Holz in einem offenen Ofen fabriziert. Da gefallen mir die Kaminofen-DVDs noch besser, die haben wenigstens einen gemütlichen Sound. (Haben wir übrigens auch schon im Teleshop angeboten.)

Aus Respekt vor meinen Kunden verzichte ich aber an dieser Stelle darauf, noch mehr Produkte aufzuzählen, die ich ungern verkaufe. Viel käme da sowieso nicht zusammen: Ich bin doch ein recht pragmatischer TV-Marketender, und einer meiner Paradesprüche, die ich in Interviews zum Besten gebe, stimmt immer noch zu einhundert Prozent: »Ich freue mich auf jede Sendung!«

Viel lieber erzähle ich Ihnen von den Highlights in meiner Moderatoren-Karriere. Da gibt's einige, gerade mit Produkten, bei denen ich das nicht erwartet hätte. Die Geschichte mit dem Milchaufschäumer zum Beispiel. Als Deutschland in den vergangenen Jahren vom Filterkaffee abkam und sich so langsam auch hierzulande die Coffeeshop-Kultur einbürgerte – Sie wissen schon: vom einfachen Latte bis zum Tall-Sherry-Pop-Skim-Milk-Macchiato – da wurde neben dem tragbaren Pappbecher auch der Milchschaum populär. Nennen wir es einen Kollateralnutzen. Jedenfalls kam der Hersteller von Latte Whip Classic auf die Idee, sein Produkt bei uns im Fernsehen vorzuführen. Ich weiß nicht, ob es am taktilen Feingefühl unserer Moderatorin Gitta lag, die dieses Gerät sanft umschmeichelte wie das Gemächt eines Säugetiers, oder ob unser Publikum zu schätzen wusste, dass ich mich auch in der Küche bewähren konnte: Egal, wer von uns Moderatoren den Latte Whip anpries und mit welchen Mitteln das geschah, der Schäumer ging jedes Mal ab wie ein Zäpfchen. Wir machten Geschäfte wie die Rummelboxer, es war nicht zu fassen. Inzwischen ist es keine Sensation mehr, sich einen Latte macchiato selbst zuzubereiten, insofern hat auch die Zugkraft unseres Schaumkönigs ein wenig nachgelassen. Aber ich erinnere mich immer wieder gerne zurück, besonders an Gittas zarten Würgegriff …

Manchmal sorgen auch ganz konkrete politische, kulturelle oder ökonomische Entwicklungen für spürbare Ausschläge auf dem Sektor des Teleshoppings. So schienen die Deutschen die Euroeinführung am 1. Januar 2002 mit großem Argwohn zu beobachten. Mehr als das: Sie bereiteten sich offenbar mental auf eine ökonomische Durststrecke längeren Ausmaßes vor und gaben dem neuen Zahlungsmittel keine großen Chancen. Woher ich das so genau weiß? Ganz einfach: Ich moderierte damals unter anderem einige Münzshows auf dem Sender. Lange Zeit war das nicht unbedingt ein Bombengeschäft, ein überschaubarer Kreis an Münzfreunden blieb da mehr so unter sich. Das änderte sich zusehends. Je näher wir an das magische Datum der Euroeinführung rückten, desto lebhafter wurde es auf dem Münzmarkt. Diesen Sammlerstücken wurde offenbar mehr Vertrauen geschenkt als der brandneuen Währung. Die Dinger wurden gekauft, als hätte man zwischen Aachen und Zwickau darauf spekuliert, bald wieder mit Talern und Dukaten einkaufen zu gehen. (Vielleicht wäre es angesichts der Eurokrise auch gar keine schlechte Idee, selbst wieder mit dem Münzensammeln anzufangen. Oder gleich die gute alte Mark wieder auszukramen.)

Besser lief nur die Sache mit den Geschenken. Die sind im Teleshopping normalerweise nicht üblich. Dafür ist die Glücksspirale zuständig. Mit einer Ausnahme: In den

Grauens, das Todesdreieck. (Gemeint war die Lende

Tagen, als das mobile Telefon in Deutschland seinen Siegeszug antrat, gab es bei uns einen legendären Handyverkäufer. Björn. Ein munteres Kerlchen, der Handys kostenlos unter die Leute brachte – sofern sie einen Vertrag über »nachhaltige« Laufzeiten dazu bestellten. Obendrauf gab's damals sogar noch so Schmankerl wie einen Roller, eine Kaffeemaschine oder eine Playstation. Einfach so. Das waren die Goldgräberzeiten des Teleshoppings, als die erste globale Wirtschaftskrise noch nicht einmal als Unkenruf in der FAZ aufgetaucht war. Wer dabei sein durfte, schwärmt heute noch von den Warteschleifen im Callcenter. Björn hatte es echt drauf.

Die Geschichte von Richy, meinem Kumpel, bin ich Ihnen noch schuldig. Netter Kerl, so im Prinzip. Er war auch der Erste in meinem ganzen Umfeld, der das Potential des Teleshoppings erkannte. Offiziell bestellt hat er zwar nie was aus dem Shop, aber dafür war er über die Produkte besser informiert als so mancher Mitarbeiter. Ich weiß das, weil Richy alle vier Wochen seinen Wunschzettel bei mir abgab:

»Du hättest nicht vielleicht die Möglichkeit, mir dieses Fahrrad XY zu besorgen, das ihr letzte Woche für 179 Euro verscherbelt habt?« (Oder die Kaffeemühlen, das Kettcar oder den batteriebetriebenen Gallier-Vibrator für seine Freundin.) Richy konnte eigentlich alles gebrauchen, was wir im Angebot hatten. Einmal rief er sogar an, um sich bei mir nach einem Rillenfix zu erkundigen, der ihm in unserem Programm aufgefallen war. Da musste ich erst mal überlegen: Rillenfix? Meint der einen String-Tanga? Im ersten Moment war ich wirklich überfordert und dachte,

gend eines Stützwäsche-Produkts.) +++ Baumwolle

Richy hätte sich einen blöden Witz erlaubt oder schlicht verhört. Doch er hatte Recht. Bei diesem Ding handelte es sich um einen Fugenkratzer mit Teleskopgriff, der bislang meiner Aufmerksamkeit entgangen war. Nur Richy, der wusste mal wieder Bescheid!

Im Prinzip war er der Traumkunde, auf den die Marktforschung immer hoffte. Wenn er denn bloß mal was bestellt hätte. Doch Richy bestellte nicht. Richy bettelte. Bei mir, seinem Kumpel aus Burscheid. Na klar, ich bin ja kein Unmensch. Wenn ich ihm einen Gefallen tun konnte, bitte schön. Jeden zehnten Wunsch auf seiner Liste etwa erfüllte ich ihm, das ging dann aufs Haus. Als sich Richy aber zum Geburtstag den oben bereits hinlänglich beschriebenen Latte Whip von mir wünschte, spielte ich ihm einen kleinen Streich. Irgendwann musste es auch mal gut sein mit seinen Konsumwünschen.

Auf seiner Party drückte ich ihm zu vorgerückter Stunde vor all seinen Gästen mein Geschenk in die Hände.

»Mach auf, du Bratnase, hier kommt der perfekte Schaumschläger für dich!« Vorfreudig machte sich Richy daran, sein Präsentpaketchen zu öffnen. Das Gesicht hätten Sie mal sehen sollen! Statt des gewünschten Aufschäumers hatte ich ihm ein kleines Penispümpchen eingepackt, das ich beim Wichteln auf der Weihnachtsfeier mit meinen lieben Kollegen im Sender gewonnen hatte. Der Witz daran: Auch dieses Pümpchen war aus dem Fundus unseres Teleshops. Die kleinen Männerhelfer hatte Sexberaterin Erika Berger persönlich in ihrem Erotikshop angeboten, aber wohl nicht sonderlich erfolgreich unters Volk gebracht. Wahrscheinlich stimmte der Einführungspreis nicht – oder Männer sind generell zu schüchtern, um sich mit so einem Gerät in gemischten Schlafzimmern sehen zu lassen. Für mich trotzdem wieder ein wunderbarer Beweis für die vielfältigen Möglichkeiten des Teleshoppings. Oder, um es mit Dieter Moor zu sagen: »Was wir nicht haben, brauchen Sie nicht!«

Die Stichflamme

Tach, Herr Kühler!«, ruft Bunzeck aus seinem Kabuff und grinst. Der Mann ignoriert mich normalerweise, wenn ich den Sender betrete. Für ihn sind Fernsehmenschen Kasper, die nichts Ordentliches gelernt haben. Im Gegensatz zu ihm. Bunzeck ist der Pförtner bei Channel21.

»Hallo Bünzchen!«, grüße ich rachsüchtig zurück. Er verzieht das Gesicht. Seitdem eine Praktikantin ihn so getauft hat, nennt ihn die ganze Belegschaft so. Zu seinem ausdrücklichen Missvergnügen. Wenn er einen *ganz* schlechten Tag hat, verbittet er sich diesen Spruch. In seinen durchschnittlich übellaunigen Momenten blickt er nur verdrießlich aus dem armseligen Verschlag, den ein zynischer Betriebsleiter in unserem Gebäudeplan schadenfroh die Pförtnerlounge genannt hat. Heute aber wirkt Bunzeck so aufreizend munter, als habe er in Red Bull gebadet. Mein Unfall scheint ihn so richtig fröhlich gestimmt zu haben.

»Na, wie fühlt man sich so nackt am Kopf?«, wanzt er sich an. »Gut geschlafen?«

»Warum denn nicht?«, antworte ich. »Nur die Harten kommen in den Garten!«

der geht auch immer in den Ursprungszustand zurüc

Bunzeck grinst mich an. »Sicher, sicher – ein paar Härchen mehr oder weniger, die machen den Köbes auch nicht mehr fett!« Mittlerweile kugelt sich der Mann vor Vergnügen, seine feiste Wanne wackelt in Schichten.

»Bünzchen, wenn hier einer für miese Witze zuständig ist, dann bin das immer noch ich!«

Bunzeck nickt wissend mit dem Kopf, prustet aber weiter vor sich hin. »Alles klar, Boss, daran zweifelt niemand!«

Das fängt ja super an. Wenn der Pförtner schon auf meine Kosten witzelt, dann wird das heute noch ein Tag des Grauens. Jetzt erst mal einen Kaffee und dann in mein Büro. 9.12 Uhr. Meine erste Sendung beginnt um 11 Uhr. Ich blättere in den Tagesreports, die mein Producer mir netterweise auf den Schreibtisch gelegt hat, und checke, wie gestern die Empfehlung des Tages gelaufen ist. Dann wende ich mich den Blueprints und den Showplänen für meine eigene Sendung zu: Videokameras von Medion. Mit Wolle Menke als Co-Moderator. Das wird kein Problem. Die Dinger gehen weg wie Sangria am Ballermann. Nur dieses überflüssige Navigationssystem, für das großzügige zehn Minuten Sendezeit vorgesehen sind, verspricht Ärger. Zu kompliziert. Mit einem Design wie ein Dampfkessel. Und der Preis ist eine Frechheit. Den Braten riecht sogar ein Führerscheinanfänger aus Lüdenscheid, schätze ich. In diesen Fragen habe ich inzwischen Erfahrung. Aber abgesehen vom Navi dürfte meine erste Stunde vor der Kamera ein Selbstläufer werden.

In diesem Moment kommt mein Kollege Uwe in unser gemeinsames Büro. Er macht eine Stunde Singer-Nähmaschinen um zehn. Er ist gelernter Theaterschauspieler, manchmal muss er auf seine Bühnenerfahrungen zurückgreifen, um seinen Job zu erledigen. Heute nicht unbedingt. *Heute* wird er mit Inge nähen und plaudern, der Geheimwaffe des schwäbischen Nähmaschinenherstellers. Inge ist vor der Kamera der Renner, ihr vertraut man sofort. Niemanden stört es, dass sie eine Person ohne Nachnamen ist. »Von einer Frau Strychlawinski will doch kein Fernsehzuschauer etwas anderes kaufen als Putzmittel«, haben ihr die Senderherren erklärt. Und da Inge keinen Künstlernamen akzeptierte – »Was denkt denn wo mei Männle dann von mir!« –, ist sie eben die einzige Co-Moderatorin bei uns im Sender, die nur mit Vornamen vorgestellt wird. Ihrer Popularität tut das keinen Abbruch. Mit Inge könnte man gefahrlos in den Waffenhandel einsteigen. Die Frauen im ganzen Land lieben sie – was eine gute Voraussetzung ist, um eine Menge Nähmaschinen abzusetzen. Dementsprechend gut gelaunt ist auch Uwe.

»Na, Ralf, gut geschlafen, die Bikinizone gewachst, deinen Diätclown gefrühstückt?«

»Morgen, Uwe. Bei mir alles fit im Schritt, keine Sorge. Wirst du's heute mal schaffen, zwei, drei Maschinchen auf einmal zu verkaufen?«

»Klar, das ist der Plan. Und ich sag dir was: Noch mal wird die Singer mir nicht in den Finger pieksen!«

»Na, da gratuliere ich aber hinterher mit einem Blumenstrauß!«

Uwe winkt ab.

»Keine Ursache. Du weißt doch: Von den Leistungen eines *wahren* Champions bin ich noch weit entfernt.«

Messerset gut schneiden und dass Sie immer ratt

Er grinst spöttisch. Da kommt noch was nach. Und richtig: »Ich hab übrigens für dich die Telefonnummer von der Katze rausgefunden!«

»Häh?« Ich habe keine Ahnung, wovon mein Kollege spricht. »Welche Katze kennst du, die telefonieren kann? Aber klingt super, was macht die sonst noch alles?«

Uwe winkt ab. »Nicht, was du wieder denkst!« Er beugt sich zu mir rüber. »Hömma Ralf, du wirst doch die Katze kennen: Daniela Katzenberger. Die falsche Blondine mit den Riesenmöpsen, die dringend in die Playboy Mansion wollte!«

»Okaaay …« Ich *kenne* Daniela Katzenberger, wenn auch nicht persönlich. Bisher war das auch kein Problem für mich. Was will mir mein Kollege sagen?

Uwe grinst. »Ich dachte nur, weil die so ein gelungenes Permanent-Tattoo auf ihren Augenbrauen hat. Vielleicht gibt sie dir ja die Nummer von ihrem Stecher.«

Endlich fällt der Groschen. »Haha, das ist sooo *nicht* witzig, vielen Dank auch!«

Uwe nickt vergnügt und verbeugt sich. »Du weiß doch: Der Uwe hilft, wo er nur kann.« Das hat er von Loriot. Oder Helge Schneider. Ich versuche, mich auf meine Papiere zu konzentrieren. Aber dann muss auch ich lachen. Okay, es *ist* witzig. »Du bist ein echter Arsch, weißt du das?«

Uwe winkt rüber. »Sischer datt!«

Vielleicht ist das ein guter Moment für eine kurze Erklärung: Letzte Woche hatte ich einen schlechten Freitag mit den Pfannen. Einen *sehr* schlechten. Pfannen mache ich

harf bleiben! +++ Der eine hat die Haare schön,

in der Regel zweimal die Woche. Bislang jedenfalls, vor Walters überraschendem Comeback. Walter ist unser Pionier. Formal sind wir alle gleich. Nur der Walter, der ist ein *bisschen* gleicher. Er ist der Älteste von uns und schon am längsten dabei. Mit Walter hat das Teleshopping in Deutschland ein Gesicht bekommen. Ein ziemlich faltiges allerdings, flachsen wir hin und wieder. Er nimmt das nach außen ganz gelassen hin, ist halt ein Medienprofi. Nur, dass ich in den letzten sechs Monaten langsam, aber unaufhaltsam an ihm vorbeigezogen bin, das wurmt ihn schon. Walter nämlich war der unangefochtene Champion. Über Jahre. Niemand verkaufte so viele DVD-Player wie er, niemand brachte mehr Uhren oder künstliche Kaminfeuer an den Mann, respektive die Frau. Für ihn war Teleshopping kein dröges Geschäft, kein alberner Abverkauf von Produkten, nein – der Walter bezeichnete das, was wir da trieben, als *Entersalesment*. Und so wollte er das auch verstanden wissen: Teleshopping als anarchistische Kunstform irgendwo zwischen Fischmarkt und Bayreuther Oper. Dafür war er bereit, alles zu geben. Walter hatte man schon im Dirndl vor der Kamera gesehen oder als Milbe verkleidet – in der Sparte Fremdschämen führte Walter uns in völlig neue Dimensionen. Trotzdem, der Erfolg gab ihm Recht. In Sachen Pfanne war er sogar eine Legende. Wie gesagt: *war*. Im letzten Oktober bin ich zum ersten Mal an ihm vorbeigezogen, im Februar hat sich das wiederholt, und seit Mai liege ich jeden Monat vorne. Der König ist tot, lang lebe der König! *Moi*.

Die Pfannen sind jetzt sozusagen *meine* Paradedisziplin. Es ist für uns Teleshopper so etwas wie der Zehn-

der andere die Eier. +++ 77% verkauft, d.h.

kampf für Olympioniken: Wer hier vorne liegt, bekommt Gold! Mit Hilfe der Pfannen habe ich Walter im letzten Jahr ganz langsam in die Knie gezwungen. Videorecorder oder Uhren in Regenbogenfarben, Vitality-Gesundheitsschuhe oder Modekollektionen von Mondi – das sind Produkte, die zur Not auch von einem stotternden Handelsschüler in die Kamera gehalten werden können und sich trotzdem noch ganz ordentlich abverkaufen. Viereckige Pfannen aber mit einem abnehmbaren Griff zu 90 Euro, das ist schon anspruchsvoller. So was bringen nur die Profis unters Volk.

In den ersten Wochen, in denen ich die Sendung WOLL PFANNTASTISCH hin und wieder übernehmen *durfte*, gingen die Dinger eher mittelprächtig.

Fakt ist, dass ich in den ersten Sendungen die Geheimnisse des erfolgreichen Pfannendrückens noch nicht verinnerlicht hatte. Meine hilflosen Versuche kursierten als VHS-Mitschnitte unter den belustigten Kollegen. Auf den Kassetten stand: »Ralfis Pleiten, Pech und Pfannen«.

Unser absoluter Pfannenprofi Walter verkaufte damals zwischen 165 und 170 Pfannen pro Sendung, an besonders guten Tagen kratzte er an der 180. Das war beachtlich, und *das* wollte ich auch. Ich analysierte seine Sendungen akribisch. Was, zum Henker, trieb der Mann, mit welchen Sprüchen brachte er die Telefonleitungen zum Glühen, wo befanden sich die Knöpfe, auf die auch ich drücken konnte? Ich studierte seine Sendungsprotokolle und notierte mir, an welchen Stellen die Anruferkurve in die Höhe schnellte. Ich lernte ein paar lustige Pfannenzweizeiler auswendig und kochte zu Hause nur noch mit

nd noch 33% da. Mal eben schnell gerechnet ...

der Woll-Pfanne, um das schwere Gerät verstehen und möglichst lieben zu lernen. Der Durchbruch aber war, als ich lernte, wie man die Pfanne effektvoll vor die Kamera hält und mit Wonne streichelt. Nicht nur die Liebe geht durch den Magen, offenbar auch der Sex. Gerade im fortgeschrittenen Alter meiner Kernzielgruppe.

Ich werde Ihnen an anderer Stelle noch etwas detaillierter erklären, wie die Tricks eines erfolgreichen Teleshopping-Verkäufers funktionieren (und was zum Beispiel ein Money Shot ist!). Jetzt muss Ihnen erst mal reichen, dass ich mich innerhalb eines halben Jahres vom einfachen Pfannen-Otto zum erfolgreichen Pfanntasten hocharbeitete. Ich kratzte immer lauter an den Zahlen von Walter. Bis ich an einem stinknormalen Dienstag dann zum ersten Mal die magische 180 durchbrach und drei Wochen später eine Doppelstunde WOLL PFANNTASTISCH mit sagenhaften 365 abverkauften Kochhilfen beendete. Damit war ich offizieller Pfannen-Champ des Senders und auf Wunsch des Herstellers deutlich häufiger auf Walters ehemaliges Vorzeigeprodukt angesetzt als er selbst. Ich war der neue Star, und ich müsste lügen, wenn ich sage, mir hätte das nicht gefallen.

Ich habe ja schon erwähnt, dass Walter es offiziell locker wegsteckte. Doch der alte Fuchs gab sich nicht geschlagen. Er feilte an seiner Performance, ließ seine geliebte Micky-Maus-Krawatte im Schrank und baute den ein oder anderen lockeren Spruch in seine Show ein. Uns gingen seine breiigen Einzeiler wie »Mittwoch ist der kleine Samstag!« oder »Zack, bumm« ordentlich auf den Senkel, und zu seiner Standard-Verabschiedung »Grüßen Sie mir

hihi ... Tja, blond, aber da geht noch was. +-

die Hühner, und fallen Sie nicht in den Briefkasten« imitierten unsere Kameraleute stets ein dringendes Göbelbedürfnis. Das alles prallte ab an Walter – der Mann war eine Rampensau, und ihn interessierte bloß, ob Omma Finchen aus Recklinghausen seine albernen Faxen mit einer Order belohnt hatte. Erfolgsorientiert bis zur Selbstverleugnung, dieser Mann. Oder anders ausgedrückt: unser Vorbild!

Walter wusste genau, wann er beim Pfannenverkauf seinen Joker ziehen musste. Dann flambierte er in der Pfanne! Ein todsicherer Tipp: Wenn in der Pfanne Essen flambiert wird, heizt das den Kaufimpuls unserer Zuschauer in etwa so kräftig an, als würde Heidi Klum im Victoria's-Secret-Outfit durch unser Set hüpfen und dazu *Kleine Taschenlampe, brenn* trällern. In manchen Sendungen fabrizierte Walter mehr Stichflammen als ein Feuerschlucker auf dem Rummel. Und er hatte Erfolg: Seine Zahlen wurden immer besser, erst unmerklich, dann aber rückte er mir unübersehbar wieder auf den Leib. Schließlich war es dann so weit: Walter hatte einen Lauf. Er verkaufte unglaubliche 192 Pfannen in einer Stunde. Absoluter Rekord. Das bescherte ihm nicht nur die Anerkennung der ganzen Belegschaft, sondern auch einen aufgeregten Anruf unseres Chefs. Sogar die Firma Woll meldete sich bei Walter und lud ihn auf den jährlichen Betriebsausflug nach Rüdesheim ein. Nicht, dass ich so scharf darauf gewesen wäre, mir ein Wochenende lang Kröver Nacktarsch in den Hals zu schütten, aber es ist ja mehr die Geste, die zählt. Und dann Walter. Kaum zu ertragen, dieses zufriedene Grinsen auf seinem Gesicht, notdürftig auf beschei-

Köln, da gibt es so kleine Stadtteile, da

denes Understatement geschminkt: *Meine Lieben, das ist doch nichts Besonderes, das kennt ihr doch von mir.*

Natürlich gratulierte auch ich meinem greisen Kollegen (und biss mir dabei vor Überwindung beinahe in die Wangen). Klar, Walter und ich sind Kollegen, keine Konkurrenten. Wir spielen alle in einer Mannschaft. Wir gewinnen gemeinsam, und wir verlieren gemeinsam. Aber dieser Saubeutel hatte *meinen* Rekord gebrochen!

Als Rita mich zwei Stunden später damit flachste, dass Alter ja in diesem Sender ab jetzt wieder *vor* Schönheit gehandelt werde, konnte ich mich einfach nicht mehr zurückhalten. Ich wünschte, ich hätte erst mal einen Moment überlegt, bevor ich den Mund aufriss, aber da war es längst zu spät. Meine große Klappe! Wie häufig hatte ich die schon verflucht? (Aber wie häufig hatte sie mich auch vor dem Schlimmsten bewahrt – vor richtiger Arbeit zum Beispiel.)

Ich präsentierte in einer kurzen Werbepause über laufenden Monitor meine dröhnende Botschaft. Jeder im Sender, egal ob im Set oder in der Regie, wurde Zeuge: »Leute, vergesst Walters Zwischenspurt, der alte Zausel hatte einfach noch mal Glück. Morgen hole ich mir den Rekord zurück. *Es kann nur einen Pfannengott geben!* Und wenn ich das nicht schaffen sollte, dann stelle ich mich bei der nächsten FORMSCHÖN-Sondersendung als Modell zur Verfügung. Eine Doppelstunde lang! Aber dazu wird es nicht kommen!«

Ende der Ansage. Im Studio johlten die Kollegen so laut, dass ihr Gebrüll vermutlich noch in der Hannoveraner Innenstadt zu hören war. (Channel21 produziert in Hannover, falls das jemanden interessiert. Nicht gerade die spritzigste Metropole Europas, aber immerhin hat man hier 96, Lena und die Hells Angels, ganz zu schweigen von fetten Fördergeldern für Medienunternehmen, die es wagen, sich in Hannover anzusiedeln.)

Am nächsten Tag wurde im Sender von nichts anderem mehr gesprochen. Meine Kollegin Sabrina hatte bereits ein paar elastische Männerkorsetts (in Schwarz!) für mich besorgt. Für den Fall der Fälle. Sie hingen am schwarzen Brett des Senders, eingerahmt von einer weißen Banderole, auf der nur drei Worte standen: »Cool. Cooler. Kühler!«

Mir war klar, dass ich diesen Scheißrekord heute Abend brechen musste. Andernfalls würde es YouTube-Filmchen von mir in schwarzen Spandex-Slips geben. Nie wieder würde sich eine Frau mit mir in der Öffentlichkeit sehen lassen. Ich würde zum Gespött des ganzen Landes. Bei Stefan Raab erhielte ich vermutlich einen eigenen Boozer, gleich neben Lisa Loch und dem Maschendrahtzaun. Nicht mal mehr Autos würde ich verkaufen können, und *das* hatte ich immerhin mal gelernt.

Natürlich *ging* dann von Anfang an alles schief. Offenbar lief in meinem Konkurrenzumfeld ein Film mit Sky Dumont oder irgendein Volksmusik-Desaster. Das ist Gift für die Quote des Senders, denn unsere Zielgruppe ist ihren Helden treu. (Walter hatte übrigens einen besonders schönen Spruch, mit dem er sich bei dieser Zielgruppe einschleimte: »Ich schlafe ja neuerdings immer im Ba-

al Party machen, »la bomme fête«, wie der Franzose

dezimmer!«, sprach er, legte daraufhin eine kleine Pause ein, damit auch jeder Weinschorlentrinker sich ein paar Gedanken darüber machen konnte, was das wohl heißen möge. Dann ergänzte er: »Da bin ich näher an den Zähnen!« Würdelos und böse? Aber sicher. Erfolgreich? Und wie!)

Aber zurück zu meinem Pfannen-Desaster: Meine Abverkäufe in den ersten zwanzig Minuten liefen nur schleppend, wenn das so weiterging, würde ich nicht mal die Prognose schaffen. Ich erhöhte das Tempo und öffnete für mein weibliches Zielpublikum den zweiten Hemdknopf. Ich tänzelte auf der Stelle wie ein Lambada-Gigolo. Ich imitierte Franz Beckenbauer und Johann Lafer gleichzeitig, hielt die Pfanne so penetrant in die Kamera, als hätte ich da ein Baby mit drei Köpfen und stöhnte meine Texte wie ein Sextalker auf 9live. Und gerade, als die träge Masse am anderen Ende des Monitors endlich in die Gänge kam und Pfannen zwischen Flensburg und Sonthofen orderte, stellte mir meine Studioregie einen begriffsstutzigen Anrufer in die Leitung. Bis ich dem Mann erklärt hatte, dass es egal ist, ob man Fischstäbchen oder Backcamenbert in der Pfanne heiß macht, Hauptsache man trennt sich vorher von der Verpackung, war der Großteil *meiner* Zuschauer nun auch noch zu Sky Dumont oder Florian Silbereisen abgewandert. Der überschaubare Rest war vor Langweile vermutlich eingedöst. Als ich meinen Anrufer abgewimmelt hatte, gab mir die Regie feixend die Zahlen durch. Nicht gut. *Nicht gut*. Das würde eng werden. Langsam geriet ich in Panik. Und dann traf ich eine folgenschwere Entscheidung: Ich würde Walter mit seinen eigenen Waffen schlagen: Feuer! Ich würde flambieren, bis der Arzt kam, das war mein Plan. Ich hätte nicht gedacht, dass ich buchstäblich Recht behalten sollte. Nachdem ich ein Verkaufsargument nach dem anderen abgefeuert hatte und auch meine Verkaufszahlen von Minute zu Minute heißer wurden, erfasste mich der Übermut. Ich schüttete mehr Whisky und Branntwein in meine Pfanne als Harald Juhnke – Gott hab ihn selig – bei seinen Wochenendabstürzen zu konsumieren pflegte. Die Flammen schlugen von Mal zu Mal höher. Fehlte bloß noch, dass ein Löwe durch einen brennenden Reifen gesprungen wäre, näher dran war ich im Sendestudio noch nie am Zirkus Krone gewesen.

Als der Branntwein und der Whisky sich so langsam vergeistigten und ich immer noch fünf Minuten auf der Uhr hatte, griff ich beherzt nach einer Flasche Grand Marnier. Leider stellte sich heraus, dass dieses Pussy-Likörchen in Sachen Feuersbrunst ein Spätstarter war. Statt direkt aufzuflammen wie ein Streichholz, schwelte er bloß wenig spektakulär in der Pfanne vor sich hin. Ich hatte ja keine Ahnung, dass so ein Grand Marnier erst Anlauf nehmen muss. In dem Augenblick, als ich der Pfanne auf den Grund gehen wollte und den nächsten Schuss nachlud, entfachte dieses Gesöff aus karibischen Bitterorangen seine ganze Kraft. Grundsätzlich nicht verkehrt, ich hatte es ja so gewollt. Dumm aber, dass sich mein Kopf gerade noch zwanzig Zentimeter über der Pfanne aufhielt. Die Stichflamme war beachtlich. Und es funktionierte: Als ich da so fröhlich vor mich hinloderte und -schmurgelte, hatten auch die letzten Unentschlossenen vor meinem

odisch in den Summer. Jetzt lassen wir es mal so

heroischen Kampf kapituliert und orderten – begeistert von so viel Spektakel – mein Ex-Lieblingsprodukt. Ich sage ja immer: Die Leute kaufen den Spaß, nicht das Produkt. Dass ich plötzlich brannte wie eine Fackel, das muss ihnen großen Spaß gemacht haben. (Und ich dachte, die Zuschauer und ich wären befreundet ...)

»Die Pfannen sind abgegangen wie Schmidts Katze! Den Dispo-Miezen im Callcenter brennen immer noch die Fingerkuppen vom Einbuchen!«, berichtete mir Uwe später, als ich wieder aus dem Krankenhaus zurück war. Leider hatte es final dann doch nicht ganz gereicht. Ich blieb sechs Pfannen hinter Walters Rekord zurück, trotz meiner heißen Aufholjagd zum Schluss. Vielleicht hätte ich mir noch die Nase abfackeln müssen, um zu gewinnen. Sechs Pfannen, das war knapper, als man nach den ersten 45 Minuten erwarten durfte. Kein Trost, wenn ich ehrlich war. Dabei hatte ich noch Glück gehabt. Okay, meine Augenbrauen waren vollständig weggesengt worden, mein Hemdkragen und Teile meines Halses waren eine übel riechende Verbindung eingegangen. Mein Gesicht sah aus, als ob es zu einem Albino gehören würde, der zum ersten Mal auf Mallorca urlaubt. Aber ich hatte weder mein Augenlicht noch meine Nase verloren. Und die Verbrennungen seien kaum der Rede wert, behauptete mein Dermatologe ohne großes Mitgefühl. »Das ist so, als hätten Sie Deutschland – Österreich vor der Höhensonne verschlafen«, erklärte er mir im Krankenhaus, um das Ausmaß der Verbrennung kleinzureden. Allerdings fühlte sich mein Gesicht so an, als ob die Teams in die Verlängerung gegangen wären.

richtig knacken. +++ Mein Hund frisst imm

Im Sender war ich für einen Abend der Held. Mein Flammenkunststück wurde noch Tage später immer wieder in Zeitlupe gezeigt. Offenbar hält die verkaufsfördernde Wirkung eines brennenden TV-Moderators über Tage an. Ich hoffe, meine Chefs kommen da nicht auf dumme Gedanken.

Kurzer Nachtrag:
Seitdem mir dieses Missgeschick beim Flambieren unterlaufen ist, muss jede Aktion, in der es gefährlich werden könnte und in der eine kleine Zündelei geplant ist, bei der Senderleitung angekündigt werden. Sogar in den offiziellen Leitfaden für Studiogäste ist diese Anordnung aufgenommen worden. Lesen Sie selbst:

> **Offene Flammen in der Präsentation**
> Kündigen Sie bei der Terminierung dem Produktmanager an, wenn offenes Feuer, glühende Teile oder Ähnliches zu Ihrer Präsentation gehören. (Feuerwehr muss dann im Studio anwesend sein.)

Es ist doch immer wieder ein schönes Gefühl, wenn man an der eigenen Arbeitsstelle ein bisschen Geschichte schreiben kann.

töckchen und kotzt dann. +++ Wir wollen ja nicht

Es ist immer gut, wenn man vorne und hinten scharf ist« (oder: Teleshopping und der Sex)

Ich kenne mich mit Philosophen nicht so aus, aber mit einem Zitat von Schopenhauer kann ich jederzeit aufwarten: »Alle Verliebtheit, wie ätherisch sie sich auch gebärden mag, wurzelt allein im Geschlechtstriebe.« Ich schätze, der Mann will uns sagen, dass der Sex überall lauern kann, sogar beim Teleshopping. Völlig richtig beobachtet. Damit meine ich ausdrücklich nicht, wenn Roberto Blanco mit seiner nahezu fünfzig Jahre jüngeren Freundin die Segnungen eines Potenzmittels vor der Kamera besingt und dabei behauptet, dass er sie selber ja gar nicht benötigt. Nee, is klar. Das ist doch so, als ob Westerwelle Werbung für einen englischen Vokabeltrainer machen würde.

Nach über zehn Jahren beim Teleshopping habe ich den Eindruck, dass bei uns *auffe Arbeit* eigentlich immer was geht. Ich weiß ja, im Prinzip ist das nichts Besonderes. Wo Menschen im fortpflanzungsfähigen Alter aufeinandertreffen, gibt's halt ordentlich Publikumsverkehr. Kann man in jeder Zeitung und in jedem Internetforum nachlesen: Liebe am Arbeitsplatz ist der Hit. Weil man da eine Menge Zeit miteinander verbringt und sehr viel Muße hat,

die Schweine im Sack kaufen! +++ Wasser ist so e:

die Macken und Gewohnheiten seiner Kollegen unter die Lupe zu nehmen. Trotzdem würde ich behaupten: Im Finanzamt ist nicht so viel los wie bei uns im Sender. Woran das liegen könnte? Meine Theorie: Wir haben ja nicht unbedingt einen Routinejob. Wir sitzen angespannt wie die Flitzebögen live vor einer Kamera herum, versuchen, so gut rüberzukommen, wie uns das möglich ist, und nicht allzu viel Blödsinn in einer einzigen Stunde zu verzapfen. Das heißt Stress, das bedeutet Adrenalinausstoß, das führt zu: Sport, Spiel & Spannung. Vielleicht liege ich da ja falsch, aber ich behaupte: Das latente erotische Knistern, das an solch einem intensiven Arbeitsplatz lauert, muss sich doch irgendwo entladen. Nicht alle gehen da so zielgerichtet vor wie ich: Meine große Liebe habe ich auch an meinem Arbeitsplatz kennengelernt. Es war ein hartes Stück Arbeit, das können Sie mir glauben. Wochen und Monate habe ich auf diese Frau hingespart und gebalzt wie ein liebeskranker Haubentaucher. Sie werden verstehen, dass ich mich da in Detailfragen zurückhalte. Sie war jedenfalls der Grund dafür, dass ich meine erotischen Zwangslagen wenigstens nicht *vor* der Kamera ausleben musste.

Warum ich das so ausdrücklich erwähne? Nun, nicht jeder von uns ist so glücklich, das von sich behaupten zu dürfen. Meinem Kollegen Heinz etwa hatte die flirrende Hitze im Studio so zugesetzt, dass er offenbar nur auf eine günstige Gelegenheit gewartet hatte, um seinen heimlichsten Wünschen Ausdruck zu verleihen. Da kamen ihm die hübschen Mädchen aus der Haare-&-Make-Up-Abteilung gerade recht, die sich an sein aufwändig andekoriertes Kochstudio heranpirschten: »Wer von meinen Requisiten isst, den vögel ich heute Abend!«, johlte der scharfe Koch quer durch den Sender. Ich weiß leider nicht, wie die Schlacht am Büfett ausging und ob dieses liebliche Angebot von einer hungrigen Mitarbeiterin in Erwägung gezogen wurde ...

Oder nehmen wir meine reizende Kollegin Bianca Maria, die im RTL Shop einmal ein Massagegerät vorführen wollte. Dieser Versuch ist im Internet auf YouTube archiviert und wird, wenn man die Klickzahlen ansieht, auch sehr gerne aufgerufen.

Angekündigt ist der vier Minuten lange Clip unter der Überschrift »Lustig – Orgasmuss (jawohl, mit zwei »s«) beim Teleshopping«. Und genau das ist es wohl, was meine geschätzte Kollegin da zur Verblüffung ihres Gastes, einem mit Fliege bekleideten Herrn namens Gernot, auch hinlegt. Ich weiß nicht, was Bianca Maria da geritten hat (ich denke mal, vorher ganz lange nichts mehr?), jedenfalls stöhnte und keuchte sie in dem Moment los, an dem sie auf dem Massagesitz (zu 139,95 Euro plus 5,95 Versandkosten) Platz genommen hatte. Schon allein, wie sie vorher immer *Masasche* mit weichem S flötete, ließ einiges befürchten, aber auf das, was dann folgte, war niemand im Studio und sicher auch keiner zu Hause vor den Fernsehgeräten vorbereitet.

»Oooh! Aaah! Jetzt ist das schon in der Mitte!«, seufzte Bianca Maria hingebungsvoll und ließ sich auch nicht vom stocksteifen Gernot an ihrer Seite bremsen. »Ooochpsch ... wissen Sie eigentlich, was ich hier gerade erleben darf ... oooaaah!«

aus echten Materialien. +++ Die Meteoriten sag

Ja, doch, können wir uns vorstellen. Vier Minuten lang suhlte und wand sich unsere Moderatorin stöhnend auf dem Massagesitz, unterbrochen nur von atemlos hingeworfenen Einzeilern wie: »Das braucht man heute zu Hause!«, oder: »Das ist ja *mein* Masseur, den kann ich nehmen, wann ich will!«

Ja klar, keine Sorge, Mädchen, nimm ihn dir, wann *du* willst!

Gut verkauft, würde ich sagen. Näher ran an einen Porno schafften wir es im RTL Shop leider nie mehr. Die Zahlen der Sendung waren dann auch ganz ansprechend, ich nehme mal an, dass unser Massagesitz nach dieser Präsentation vor allem von alleinstehenden Frauen geordert wurde.

Schade eigentlich, dass sich die unterschwellige Erotik an unserem Arbeitsplatz so selten in sendefähiger Aktion ausdrückt. Da ist es schon ein Highlight, wenn ein gemeiner Einflüsterer aus der Senderegie meiner Kollegin Gitta einen kleinen, unwillkommenen Hinweis ins Ohr schießt: »Denkst du gerade an George Clooney, oder ist dir nur kalt im Studio?« Das ist ziemlich gemein, denn bis zu diesem Moment war es Gitta vermutlich gar nicht klar, dass sich ihre Brustwarzen durchs transparente Gewebe ihrer hübschen Bluse frästen wie kleine braune Nasen aus einem Maulwurfhügel. Da wird das Tagesgeschäft plötzlich ganz nebensächlich, selbst wenn es sich wie in ihrem Fall um den Abverkauf von kostbarem Geschmeide handelte. Wie sagte die geschätzte Kollegin Maren Gilzer in der Sendung FORMSCHÖN auch so richtig: »Wer zeigt schon gerne seine Brustwarzen?«

Der Lachanfall, in den sich Gitta flüchtete, gehört ebenso zur überlieferten Unternehmensgeschichte wie der Massagesitzorgasmus und einige der verbalen Aussetzer, die sich die Kollegen (und auch ich) im Laufe der Jahre erlaubten.

Von denen gibt es so einige, wie Sie sich vorstellen können. Der Mensch sublimiert ja seine Bedürfnisse gern durch Freudsche Fehlleistungen. Oder, anders und ein wenig schlichter ausgedrückt: Wenn unsereiner den Kopf voller Schweinkram hat, dann rutscht er einem auch irgendwann mal aus der Verlautbarungszentrale.

Noch einmal Gitta, diesmal in eigenen Worten und nur zufällig ganz passend zum Thema *vor* der Kamera geäußert: »Der Körper nimmt sich den Stoff, den er braucht.« Offenbar. Und im Teleshopping hört der Zuschauer unfreiwillig mit, was der Moderator manchmal so denkt und besser nicht gesagt hätte. Maren Gilzer zum Beispiel kennen Sie ja sicher noch alle vom GLÜCKSRAD, wo sie sich als Deutschlands bekannteste Buchstabendompteuse für eine Karriere beim RTL Shop qualifizierte. Eine angenehme, nette Kollegin, auch wenn sie eine Zeit lang böse auf mich war. Warum das? Ach, sie wurde von VOX mal zu DAS PERFEKTE PROMI DINNER eingeladen. Da ich inzwischen durch meine ganzen Kochsendungen zu einem ganz passablen Küchenmeister geworden bin, fragte sie mich um Rat.

»Was soll ich denn da als Vorspeise zubereiten?«

Meine Antwort muss sie wohl irgendwie in den falschen Hals bekommen haben: »Versuchs doch mal mit Buchstabensuppe!«

Nicht komisch? Hallo! Ich bin's!

Farben Rot und Weiß sind eigentlich, ja, zw

Jedenfalls war Maren Gilzer dann eine kurze Zeit sauer auf mich. Aber das ist eine andere Geschichte. Erzählen wollte ich eigentlich, wie sie einmal bei der Präsentation ihrer Modelinie das kurze Unterkleid an einem Model schlicht, knapp und deutlich anpries: »Dieser Rock sorgt für Rohre!«

Vielen Dank dafür, Maren Gilzer!

Meistens liegen die sexuellen Konnotationen nicht sooo klar auf dem Tisch wie bei diesem knackigen Einzeiler. Beim folgenden Versprecher allerdings schon:

»Ich komme direkt neben dir!«, ließ Gitta ihren Gast Ute wissen, mit der sie eigentlich zum Abverkauf von netten Produkten im RTL Shop und nicht etwa im Swingerclub verabredet war. Das war aber wirklich das letzte Mal, dass ich meine reitende ... äh ... reizende Kollegin Gitta in die Pfanne haue. Hat sie wirklich nicht verdient, die anderen Kollegen und Kolleginnen haben schließlich auch genügend Dreck am Stecken, wenn ich das mal so unverblümt ausdrücken darf. Wie sonst ist der Hinweis von Eva zu verstehen: »Dreier sind so schön!« Sodom und Gomorrha im RTL Shop!

Dieser erotisierten Gemengelage wollte sich natürlich auch unser Vorzeigepromi Jenny Elvers-Elbertzhagen nicht verschließen. Also ließ sie ihre Gemeinde vor den deutschen Fernsehschirmen wissen: »Das ist bei mir immer so: massiv und klein, oder groß und zart.« Go for it, Jenny, Hauptsache heiß. In dieser Hinsicht hegen wir allerdings bei Babsi Gold schlimmste Befürchtungen, nachdem sie in ihrer Show einmal den sehr eigenwilligen Vergleich fand: »Es ist muschikalt hier drin!« Also ich würde

rben! +++ Wir haben hierbei noch mal die Schwach

das meinen Lebensabschnittspartner lieber nicht wissen lassen. Hätte sie besser mal bei der Kollegin Maike nachgefragt, die sich in Sachen Temperaturregulierung auf traditionelle Methoden besonnen hat:

»Im Winter muss ich, sobald ich ins Bett gehe, immer was zwischen den Beinen haben.«

Dass auch junge Damen echte Machosprüche im Köcher haben, bewies Britt im Rahmen einer Modesendung:

»Die Glocken läuten richtig, wenn sie laufen!« Zu sehen: Laufstegmodels in der Vorweihnachtszeit. Ich könnte Ihnen noch stundenlang von den doppeldeutigen Verfehlungen unserer Moderatorinnen berichten. Petra zum Beispiel gehört im Grunde zu den unverdächtigen Kollegen, was *Hot Nonsens* angeht. Bei einer Staubsaugerpräsentation aber ging dann auch mit ihr mindestens *ein* Gaul durch: »Das ist der Männersauger, so einen Schlauch möchten Sie auch haben.« Was für einen jetzt genau, Petra?

Und damit im Sender auch jeder über die Verhältnisse im Hause der Kollegin Michaela Bescheid weiß, teilte sie uns und allen Zuschauern vor laufender Kamera mit: »Mein Bärchen passt auf meinen Mann auf!«

Gut zu wissen, liebe Michaela, wer könnte das besser!

Es ist natürlich nicht so, dass bei uns im Sender nur die Damen steilgehen. Auch die männlichen Moderatoren haben sich gelegentlich nicht im Griff. Ich möchte Ihnen die zehn kuriosesten Entgleisungen meiner Kollegen nicht vorenthalten. Ein Wunder, dass wir uns noch nie beim Rundfunkrat für unser lockeres Mundwerk rechtfertigen mussten.

stellen verbessert. +++ Cosima, erzähl doch

1. »Mit dieser Pfanne können Sie stundenlang poppen.«
   Olaf

(Aber nur, wenn Sie im Kühlschrank keinen AMERICAN PIE finden!)

2. »Mit einem Griff von beiden Seiten durchgebügelt und noch nicht mal ein Tuch druntergelegt.«
   Axel

(So macht man sich aber keine Freunde, mein Lieber!)

3. »Also wer jetzt ein Angorakaninchen hat, und das mausert …«
   Axel

(Ginge es mit einem Meerschweinchen nicht auch, Atze?)

4. »Man muss etwas Vaseline auf den Stiel tun, damit man auch Freude dabei hat.«
   Patrik

(Gelernt ist gelernt.)

5. »Wärme und Feuchte – alle Milben wollen das – und alle Frauen.«
   Sebastian

(Très charmant, Basti.)

6. »Ein Schuss ins Becken, und zu Hause ist alles in Ordnung.«
   Björn

(Wenn du da nicht auf dem Holzweg bist …)

al ein bisschen aus deinem Nähkörbchen. +++ Da

7. »Das sieht einfach toll aus, egal, ob sie die Nicole oder die Gabi von hinten nehmen.«
   Thomas

(Und was ist mit der Gitta und der Eva?)

8. »Weiter geht's mit Nicole Frenz, das ist ein super Gerät.«
   Stephan

(Na ja, vielleicht hätten es ein paar Blumen fürs Erste auch getan.)

9. »Hinten rum, vorne rum, meine Nadel wird nicht krumm.«
   Walter

(Aber immer schön die Reihenfolge einhalten, Walter!)

10. »Es ist immer gut, wenn man vorne und hinten scharf ist.«
    Uwe

(Und sonst natürlich auch überall!)

bleiben alle Ihre Haare hängen: Katzenhaare, H

Die Nagelkrise

Was wäre so ein Tag im Sender langweilig, wenn es nicht die lieben Kollegen gäbe. Eva zum Beispiel. Eva hat früher in der ARD das Programm angesagt, bis sie bei Channel21 im Teleshopping anklingelte. Vorübergehend, wie sie dachte, aber jetzt ist sie schon ein paar Jahre dabei. Neulich war sie beim PROMI DINNER auf VOX eingeladen. Das sei *der Beweis*, behauptet sie seitdem. Der Beweis dafür, dass sie a. immer noch ganz schön populär sei und b. täglich damit rechnen könne, eine Abendshow im öffentlich-rechtlichen Fernsehen angeboten zu bekommen. Oder eine Doku-Soap auf RTL 2, was im Grunde in derselben Liga spiele. *Ich* bin der Ansicht, dass ihr Auftritt beim PROMI DINNER eher bewiesen hat, dass sie keine Zukunft am Herd hat, weder vor der Kamera noch in ihrer eigenen Küche. Aber wir sind ja *nette* Kollegen, da muss man zuweilen auch mal seinen Mund halten. Zumal Eva gerade auch viel konkretere Probleme hat, als sich mit der Frage zu beschäftigen, ob sie in ihrer Karriere noch mal aus der FORMSCHÖN-Ecke rauskommt: »Schau mal Ralf, was hältst du von meinen Fingernägeln?« Sie streckt mir ihre grazilen Hände entgegen.

haare, Tierhaare, ... +++ Die Farbe Rosa ist auf

»Vielversprechend!«, improvisiere ich. »Man müsste mal sehen, wie sie sich machen, wenn du mir damit über den Rücken kratzt und dazu meinen Namen schreist!« Ganz klar, heute bin ich in Form.

»Blödmann, ich meine die Farbe. Wie findest du meinen Nagellack?«

Ich schaue etwas genauer hin. Blau mit einem schmalen weißen Rand. Sieht aus, als trüge sie das Trikot von Schalke 04 auf ihren Fingernägeln.

»Doch, ganz schön. Wieso?«

»Ach, Ralf. Der Sender hat uns verboten, bestimmte Nagellackfarben vor der Kamera zu verwenden. Wir haben so ein dämliches Memo erhalten. Auf meine persönliche Nachfrage am Telefon hat mir der Programmchef gesagt, dass einige unserer verwendeten Nagellacke eine unangemessen vulgäre Message implizieren. Eva schnaubt vor Empörung, als sie davon erzählt. Sie müssen wissen: Der Alltag in einem Teleshopping-Sender unterscheidet sich nicht sonderlich von dem, was man auf einem afrikanischen Basar erwartet. Sie kennen das: Menschen, die durcheinanderschreien, kleine Gaunereien, schmierige Händler und gierige Kunden, ein kurioser Musikteppich, babylonisches Sprachengewirr und infernalisches Chaos auf engstem Raum. Und auf der anderen Seite der türkische Basar. Nein, ernsthaft. In so einem Sender ist eigentlich immer was los. Und wenn wir uns gerade nicht mit den Unverschämtheiten einiger unserer Lieferanten, den Launen unserer Gäste oder dem völlig unangebrachten Geiz unserer Zuschauer herumärgern müssen, dann haben wir halt unser Späßchen mit der Geschäftsleitung.

Mit absurden Memos. Die Programmleitung hatte ein Schreiben an alle Moderatorinnen verschickt. Darin wurde in einem gönnerhaften Ton darauf hingewiesen, dass Channel21 ein seriöses Unternehmen sei, das seiner Klientel vor den Fernsehern stets Achtung und Respekt zolle. Aus diesem Grund mögen sich unsere Damen in Zukunft davor hüten, allzu grelle und geschmacklich fragwürdige Fingernagelfarben zu verwenden. Subtext: Ihr habt alle einen Geschmack wie die Familie Flodder zu Karneval. Im Anhang folgte dann eine – überschaubare – Liste von Nagellackfarben, die auch in Zukunft in einem feinen Sender wie Channel21 geduldet würden. Ausschließlich. Der Aufschrei unter den Kolleginnen hätte nicht lauter sein können. Sie keiften und kreischten wie die Raben im November. Eine unzumutbare Bevormundung sei das, ganz nah dran an der Sklavenhaltung, und auch ästhetisch nicht nachzuvollziehen. Man wolle kämpfen für die freie Wahl der Nagelfarbe, ließen die Kolleginnen verlauten. Wenn das nötig sei, dann eben bis zur letzten Instanz. Jetzt frage ich Sie, was die letzte Instanz in einem solchen Fall sein würde? Das Bundesverfärbungsgericht in Braunschweig?

Der Hintergrund des Memos war natürlich wieder eine dieser Marktforschungen, mit deren Hilfe wankelmütige Teleshopper regelmäßig von meinem Arbeitgeber durchleuchtet werden. Meistens ohne effektiven Nutzen. Aber irgendwelche Konsequenzen muss so eine Marktforschung ja haben. Das ist reine Psychologie. Ansonsten hätten die Herren ja das Gefühl, ihre Gelder gleich im Kamin verbrennen zu können. Aus diesem Grund wird dann hinterher an Nebenschauplätzen gewütet. Ein paar der gelangweilten Probanden in der Marktforschungsrunde hatten sich wohl am farblichen Freestyle unserer Moderatorinnen gestoßen. *Das* war natürlich ein Skandal, da musste die Programmleitung einschreiten. Dass der mäßige Verkauf einiger unserer Produkte mit den Produkten selbst zusammenhängen könnte, will man nicht wahrhaben. Nee, stattdessen: Weg mit den Farben auf den Nägeln. Unsere Hände seien schließlich häufiger im Bild als unsere Gesichter.

Stimmt schon: Wenn wir unsere Produkte in die Kamera halten, haben Sie zu Hause zwangsläufig auch mal länger was von unseren oberen Extremitäten. Logisch. Bis zu besagtem Memo aber waren zumindest wir Männer davon ausgegangen, dass es reichte, sich hin und wieder mal mit einer Nagelschere zu beschäftigen, vor der Sendung nicht an einem Moped zu schrauben und möglichst wenig an den Fingerkuppen zu kauen. Dass aber selbst die Farbe des Nagellacks Einfluss auf den Absatz von Uhren, Schlüpfern oder Haushaltsgeräten haben sollte, war uns neu. (Und leuchtete auch niemandem so richtig ein.) Ich war allerdings ganz froh, dass ich mich persönlich nicht mit dem Nagellackverdikt beschäftigen musste, das gebe ich zu.

»Was sagst *du* denn dazu?«, wandte sich Eva an Uwe, der gerade dabei war, sich auf eine weitere Nähmaschinenshow mit Inge vorzubereiten. Er döste. Doch wie bei uns allen springt im Ernstfall sofort der Autopilot an.

»Blau!«, flötete Uwe sanft und verfiel sofort in seinen

gibt keine negativen Flaschengeister! +++ Bei u

Kamera-läuft-Modus. »Die Farbe der Nacht, geheimnisvoll, elegant, exquisit – schon unser Dichterfürst Novalis …«

»Uwe, jetzt konzentrier dich mal«, unterbrach ihn Eva schnell, »du brauchst mir meinen Nagellack nicht zu verkaufen, der gehört mir schon! Verrat mir lieber, ob du unsere Petition unterschreiben wirst.«

»Welche Petition?« Uwe und ich klangen für einen Moment wie ein Sprechgesang von Bushido. Wir klatschten uns ab. Eva runzelte die Stirn.

»Toll, Jungs, jetzt könnt ihr euch was wünschen. Nein, im Ernst: Es geht um die Petition an die Geschäftsleitung. Wir verlangen darin unmissverständlich, dass wir die Farben unserer Fingernägel selbst bestimmen dürfen, und zwar ohne jede Einschränkung! Andernfalls werden wir zu allen arbeitsrechtlichen Mitteln greifen, die uns zur Verfügung stehen!«

Uwe und ich schauten uns an. Klang das nach Ärger? Hmmm. Wohl schon. Aber es soll keiner sagen, dass beim Teleshopping keine richtigen Männer am Werk sind.

»Gib her«, antwortete ich schließlich. »Wo sollen wir unterschreiben?«

Eva zog ein Blatt Papier mit dem Logo des Senders aus ihrer Tasche. Bisher hatten offenbar nur Kolleginnen unterzeichnet. Entweder waren wir die ersten Männer, die sie überhaupt gefragt hatte, oder den anderen leuchtete nicht so recht ein, was sie mit der Nagellackkrise zu schaffen hatten.

»Ist das denn okay, wenn auch Männer mitmachen?«, fragte Uwe. »Nachher kommen die in der Geschäftsleitung noch auf komische Gedanken.«

ab es früher als warme Mahlzeit eine Schüssel

»Ich finde, wir könnten das auch auf unsere Fußnägel erweitern, aus Gründen der Gleichberechtigung«, fiel ich ein.

Eva war *not amused*. »Könnt ihr mal mit eurer Blödelei aufhören, dazu ist die Angelegenheit viel zu ernst!«

War sie das? Bevor wir unterschrieben, wechselten Uwe und ich einen belustigten Blick, den Eva geflissentlich übersah. Zufrieden steckte sie die Brandschrift zurück in ihre Handtasche.

»Danke, Jungs, das ist ein wichtiges Signal für den Zusammenhalt auf der Galeere!«

Ganz bestimmt. Dafür mussten wir aber auch in Zukunft blau-weiß schraffierte Nägel ertragen, wenn die Protestwelle im Sender von Erfolg gekrönt sein würde.

»Ich muss weiter, ich habe um elf eine Stunde IMAGINI.«

Dabei handelt es sich um so genannte »italienische Designermode«. Obwohl man einen Namen für die Textilwaren ausgesucht hatte, der eher an ein Sudokumagazin als an italienische Mode erinnert, läuft das Zeug übermäßig gut. Ähnlich wie eine andere Modelinie, die wir manchmal auf dem Sender verticken: Roberto Totti. Aber das ist auch eine ganz andere Geschichte. Eine unglaubliche Geschichte … (Sie merken schon, mit welch billigen Mitteln ich Sie hier bei der Stange halte. Was soll man machen, ich bin halt ein Verkäufer.)

Bis zum späten Nachmittag hatte der halbe Sender unterschrieben. Gegen 17 Uhr schickte Eva die Petition per Fax an die Senderzentrale. Bis 18 Uhr rührte sich nichts.

Niemand aus der Geschäftsleitung ließ sich auf den Gängen sehen. Offenbar war die Nagelkrise das Thema einer schnell einberufenen Geschäftsführerkonferenz. Unsere aufgeregten Damen gluckten derweil in einer zur Kommandozentrale umgebauten Garderobe auf einem Fleck und befeuerten sich mit Kaffee und Durchhalteparolen. Unsere Haare-&-Make-Up-Abteilung schaute zwar ein wenig sparsam, schließlich war ihre Arbeitsfläche im Handstreich auf zehn Quadratmeter reduziert worden. Aber was wollte sie schon machen? Wenn die Basisdemokratie in die Welt des Teleshoppings einreitet, sollte man sich kooperativ zeigen, gerade, wenn man aus Zwickau stammt.

Um 18.12 Uhr ploppte in den Computern eine Notiz der Geschäftsleitung von Channel21 auf. Offenbar hielt es einer der Herren für geboten, einmal ordentlich auf den Tisch zu hauen. Irgendjemand schien schwer darunter zu leiden, dass im Sender der galoppierende Wahnsinn eingeritten war. Mit solchen Banalitäten wie der Nagelfarbe wolle man sich in einem professionell geführten Unternehmen eigentlich nicht auseinandersetzen – wobei das Schlüsselwort »eigentlich« lautete. Denn was folgte, war eine blümerante Umschreibung all dessen, was der Geschäftsleitung angeblich keine andere Wahl ließe, als genau hier nun knallharte Vorschriften zu formulieren. Der Subtext der Hausmitteilung bestand im Prinzip aus drei klaren Sätzen: Unsere Zuschauer mögen ihre Nagelfarben nicht. Also mögen auch WIR ihre Fingernagelfarben nicht! Ändern Sie Ihre Fingernagelfarben SOFORT!

Erlaubt sollte von nun an nur noch das vom Sender

empfohlene Farbportfolio an Premium-Lackfarben sein – mit Rabatt und frei nach Wahl bei eben jenem Sender zu bestellen.

Leider verfehlte dieser Versuch, die Nagelkrise *par order de mufti* im Keim zu ersticken, seine Wirkung. Die Mädels waren in Rage, allen voran Eva. In der Kommandozentrale herrschte eine Atmosphäre wie beim Betriebsrat eines Ruhrgebietstollens.

»Wenn wir jetzt klein beigeben, diktieren die uns als Nächstes die Form und Farbe unserer Dessous«, ereiferte sich Eva. »Wir müssen uns wehren, solange das noch geht.«

»Wir könnten ja vorsichtshalber schon mal einen Blick auf die Dessous werfen, um euch auf potentielle Schwachstellen aufmerksam zu machen!«, zeigte ich mich hilfsbereit. Sie kennen mich ja bereits: Soll keiner sagen, ich sei kein kollegialer Mensch! Leider wurde ich wieder einmal missverstanden, das ist die Geschichte meines Lebens.

»Noch so n Spruch, Penisbruch!«, schleuderte mir die aufgebrachte Dame entgegen, und ihre Augen funkelten gefährlich. Besser, ich hielt wirklich den Mund.

Die Damen einigten sich schließlich darauf, in einen Nagellack-Warnstreik zu treten und sich in den nächsten beiden Tagen in Handschuhen vor die Kamera zu stellen. Pünktlich um zehn am folgenden Tag sollten die Maßnahmen beginnen, für den Fall, dass die Geschäftsführung bis dahin noch nicht eingeknickt war.

Am nächsten Morgen schleppte ich mich ganz gegen meine Gewohnheit schon drei Stunden vor meiner ersten Sendung ins Studio. *Das* wollte ich sehen, wenn Eva, Moni oder Antoinette in feinsten Lederhandschuhen vor der Kamera hockten, um Pullunder, Ohrringe oder künstliche Kamine unters Volk zu bringen. Ich freute mich schon auf die irritierten Zuschaueranrufe.

»Isses sooo kalt bei euch im Fernsehen?«, würden sie fragen oder wissen wollen, wann die dazugehörigen Fesseln und Neunschwänzigen verkauft würden, jetzt, wo wir bereits vor Einbruch der Dunkelheit den Eindruck machten, als wären wir ein SM-Sender. Soll noch einer sagen, Teleshopping sei langweilig. Leider erfüllten sich alle meine Wünsche nicht. Bis 9.52 Uhr hielten unsere Bosse durch. Doch als sie sahen, wie sich Eva mit schwarzem Nylonstrumpf ums Handgelenk an ihrem Platz einrichtete, zog man es vor, auf die Notbremse zu treten. Eine neue Hausmitteilung wurde an die Regie gefunkt und von dort aus schnell in alle verfügbaren Ohren eingespeist. Die Botschaft war klar: Macht weiter wie bisher. Vielen Dank für alles.

Nun, das war doch mal ein klarer Beweis von Führungsstärke. Der Klügere gibt schließlich nach. Bei uns im Teleshopping kennt man seine Ziele und verfolgt sie konsequent, ohne sich beirren zu lassen. Vermutlich arbeite ich deshalb so gerne hier.

nterwegs. +++ Das ist ein Collier, das man auch

Pleiten, Pech & Pfannen

Wenn wir vom Teleshopping richtig lustig sein wollen, dann geht das gerne mal in die Hose. Ein Weihnachtsmann zum Beispiel, der zwischen Oktober und Januar in jeder Sendung mit gebrummtem »Ho, ho, ho« durch die Kulisse läuft, wird nicht von jedem Zuschauer goutiert. Und auch der Versuch, uns mit einstudierten Kalauern ins Herz des Zuschauers zu schleichen, hat selten die Lachsalven ausgelöst, die wir witzigen Glückshasen im Sinne hatten.

Wie das Teleshopping trotz allem in der Lage dazu ist, humoristische Spitzenklasse zu bieten, nun, das möchte ich Ihnen einmal im Rahmen eines kleinen Kollegs näherbringen. Ich nenne diese Höhepunkte des unfreiwilligen Humors *Die sieben goldenen Regeln des Teleshoppings*. Wunderbar geeignet für angehende Berufseinsteiger. Alle Fälle, die ich Ihnen schildere, sind genau so passiert. Nichts war wirklich geplant, aber alles war saukomisch. Wenn der Zuschauer dran denkt, lacht er vermutlich heute noch.

als Collier tragen kann! +++ Ich hab hier ma

Regel 1:
Testen Sie alle Produkte, bevor Sie damit auf Sendung gehen.

Mein Kollege Uwe plagte sich eines schönen Tages mit einem Drucksprüher herum, einem wirklich unschönen Gerät in Weiß mit roter Kappe, welches schon für 33,95 Euro verkauft werden sollte. Nun fragt man sich: Wozu braucht irgendwer einen Drucksprüher? Und warum heißt dieses Ding auch noch *Geizhals?* (Bei uns übrigens als Komplettset mit Schaumdüse und dem klassischen Zwanzig-Zentimeter-(!)-Verlängerungsrohr erhältlich. Da wären nicht nur Pornodarsteller froh, wenn's so was in der Apotheke gäbe.) Zu den Vorzügen und Einsatzbereichen seines Geräts kann Uwe uns allerdings auch nicht viel sagen. Stattdessen schraubt und dreht er am Verschluss dieses rätselhaften Dings herum, dass es einer Handjobberin vorkommen muss, als sähe sie einen Lehrfilm in *Happy Ending*. Das Absurde daran: Uwe bearbeitet seinen Drucksprüher ungefähr dreißig Sekunden lang stoisch, während das Gerät derweil ebenso unablässig die Dekoration vollspritzt. Eins wird klar: Das soll so nicht. Uwes einziger Kommentar: »Na ja, das ist wieder mal der Vorführeffekt. Super, ich hab das kaputte Gerät erwischt, meine lieben Zuschauer, das ist nur zum Ankucken.«

Danke für diese hilfreiche Information. Möglicherweise war das nicht Uwes erfolgreichste Sendung.

Geradezu beleidigt reagierte hingegen Silit-Gast Günther auf die Frechheit seines Topfsets Selezione, das er unserer hübschen Moderatorin im KÜCHENSHOP vorführte.

rische Früchte mitgebracht, und zwar direkt aus

Zu den Eigenschaften des 199 Euro teuren Topfdeckels gehört nämlich, dass er unzerstörbar ist. Beziehungsweise sein soll. Selbst, wenn man ihn aus größerer Höhe auf den Boden flanscht. Was Günther auch tut, schließlich ist ein TV-Zuschauer skeptisch bei so großmäuligen Versprechungen. Diesen Stunt hätte er wohl mal besser *vor* der Sendung gecheckt. Da wäre ihm eine peinliche Schrecksekunde erspart geblieben. Der Selezione-Deckel nämlich streckt die Waffen und zerspringt ganz unplanmäßig in tausend Teile. Wusste wohl gar nichts von seinen Produkteigenschaften.

»Jetzt isser hin!«, stammelt Günther verstört, bevor er sich mit einem derben Kunstlacher über die Runden rettet: »Sollte normal nicht passieren … des is live!«

Nee, nee, Günther, des is *life*.

Regel 2:
Korrekte Handhabung der Geräte

Ich kann jedem angehenden Moderator im Teleshopping nur raten: Lesen Sie unbedingt vor jeder Sendung die Gebrauchsanweisung der Produkte. Sonst geht es Ihnen wie Uwe, der sich im KÜCHENSHOP mit einem eigelbfarbenen Alessi-Standmixer von Philips plagte. Den klebrigen Sud aus Orangen, Zitronen und einer Art Porridge mixte er ja gerade noch fachgerecht zusammen, ohne dass unsere Putzkolonne wütend mit dem Mopp gewedelt hätte. Als Uwe die Speise dann aber in ein dafür vorgesehenes Gerät umfüllen wollte, drehte er durch. Nicht Uwe, sondern

der Tiefkühltruhe. +++ Silikon ist ja ganz gut fi

der falsche Verschluss. Mit dem Ergebnis, dass die gelbgrünliche Brühe über Mixer, Tisch und Moderator spritzte wie weiland der Blob in einem amerikanischen Science-Fiction-Streifen.

»Super!«, kommentierte Uwe seine Meisterleistung und nahm das Missgeschick sportlich im Stile von Marcel Reif: »Jetzt habe ich es von unten abgeschraubt, das ist großartig, liebe Zuschauer, so sollte man das Ganze natürlich *nicht* machen.«

Der liebe Zuschauer verzichtete in dieser Sendung dann ebenfalls darauf, bei uns anzurufen und 97,12 Euro in einen offenbar schwer zu bedienenden Mixer zu investieren. Kann man's ihm verdenken?

Wo wir gerade bei Uwes Top 3000 der absurdesten Missgeschicke sind, hier gleich noch eines. Wobei ich zugeben muss: Dieses Produkt verdient auch niemand anderen als Super-GAU-Boss Uwe. Es handelt sich um ein Alles-Öffner-Set, ein Gerät, das damals schon etwas absonderlich aussah und sich bis heute nicht durchgesetzt hat. Nicht mal für den Preis von überschaubaren 25,95 Euro. Obwohl das Teil nahezu alles können soll, schafft es Uwe, dass es rüberkommt wie etwas, das ein Grundschüler in einer Doppelstunde Basteln und Werken erschaffen hat – mit Materialresten. Weder als Dosenöffner noch als Geflügelschere legt es einen überzeugenden Auftritt hin. Doch erst als Tetra-Pak-Öffner wird der Dreiteiler zu einem echten Comedian. Als Uwe es einer fettarmen Tüte Milch wie ein eng sitzendes Hütchen aufstülpt, kapituliert die Milchverpackung kampflos und spritzt den gesamten Inhalt in den Raum hinein. Prima Sache, sehr lustig in Didi-

Hallervorden-Komödien, in der Küche unserer Zuschauerinnen aber eher unerwünscht. Doch Uwe ist ein ganz Großer unserer Zunft und schreit gleich anerkennend: »Super Nummer!« Na ja.

Den dritten Spritzangriff in dieser Rubrik erlebte der ahnungslose Zuschauer im HEIMWERKERSHOP, wo selbstredend auch Uwe wieder sein Unwesen trieb. Das Bierfassgerät Speedyzapf für das Oktoberfest zu Hause war der Star der Sendung, gleich *zwei* Gäste mit akkuraten Hefewampen standen Uwe dabei zur Seite. Was nur fair war, denn schließlich hatten die Jungs ein Fünf-Liter-Fässchen Pils vor sich aufgebaut, wild entschlossen, ein bisschen Spaß bei der Arbeit zu haben. Doch wie sollte es anders sein, Uwe hatte Probleme mit dem Anstichnippel. (Hätte er mal die zwanzig Zentimeter Verlängerungsrohr dabeigehabt ...) Als er dem gekühlten Fässchen mit seinem gestutzten Anstichnippel auf die Pelle rückte, sprach er folgenden Satz: »Da brauchen wir nicht groß gucken, einfach draufsetzen und ...« Stille.

Hätte er besser *doch* mal geguckt. Vorher, auf die Gebrauchsanleitung. Dann wären ihm nicht etwa drei der fünf Liter Gerstensaft um die Ohren geflogen und hätten seine Studiogäste aussehen lassen, als kämen sie gerade vom Spiel Westfalia Herne gegen Rot-Weiß Lüdenscheid.

»Was habe ich Ihnen gesagt?«, rüpelte Uwe anschließend noch nassforsch in die Kamera. »Spaß ist hier garantiert.« Dass er wieder mal auf seine Kosten gemacht wurde, hätte er allerdings vor der Sendung *nicht* unterschrieben.

Doch ich will ja nicht ständig nur auf Uwe herumhacken. Ich hatte schließlich selbst auch unschöne Begegnungen mit einem Produkt. An mir lag's hoffentlich nicht, dass der Bistro de Luxe 3-in-1–Automat kein Megaseller wurde, auch wenn die Firma Unold das möglicherweise anders sieht. Jedenfalls wollte ich in dem 102 Euro teuren Drilling aus Kaffeeautomat, Eierkocher und Minibackofen einen Käse-Salami-Toast zubereiten. Das gehört zu den Dingen, die er können muss, der Un(h)old. Aber er ist schon arg klein. Er sieht aus wie eine geschrumpfte Mikrowelle – siebenjährige Mädchen haben so was in ihrem Kinderzimmer stehen und trainieren damit auf Ehefrau. Als ich den Toast in diesem Minibackofen verstaute, rumpelte es im Bistro de Luxe wie in einem Klingelbeutel. Das ganze Innenleben dieses Geräts war in sich zusammengefallen, mein kunstvoll gebauter Toast hatte dabei die Form und Konsistenz eines bereits verdauten Brotlappens angenommen. Tja, was sollte ich tun? Dieses Nahrungsmittel war nicht mehr zu retten, also schmiss ich es im Stile eines Basketballs aus dem Bild, schnappte nach einem bereits künstlich präparierten Toast und legte ihn frech aufs Minibackblech.

Dazu krähte ich »*Fertig!*« in die Kamera, grinste blöd und schrie: »*Wahnsinn!*« hinterher. Reine Zauberei, würde ich sagen, ersatzweise Zuschauerveräppelei. Auf dem Bistro de Luxe blieben wir übrigens sitzen. Zu Recht, würde ich sagen. Sie lassen Dirk Bach ja auch nicht in der NBA spielen, nur weil er putzig aussieht?

Regel 3:
Denken Sie immer erst, bevor Sie sprechen.

Das gilt für Moderatoren wie für Gäste.

Im KÜCHENSHOP wurde mal wieder die Ente gebraten. Dieses Tier hätte eine verdammte Nebenrolle in JURASSIC PARK verdient gehabt, so oft, wie es bei uns vermeintlich gebraten und in die Kamera gehalten wurde. Unser Gast Lothar und seine reizende Moderatorin Maren hätten als Gänseliesel und Gänsepeter Karriere machen können. Den Grillkochbräter Smart Rotisserie (für bescheidene 120 Euro!) hatten sie schon häufiger zum Kochen gebracht als ihre Frühstückseier. Routine aber macht nicht immer nur routiniert – manchmal bläst sie einem auch das Gehirn aus. Als die braun-brizzelige Ente mal wieder aus dem Topf gezogen und vor der Kamera präsentiert wurde, da sagte Maren doch tatsächlich: »So sah mein Hund neulich auch aus, als er aus dem Wasser kam.«

Nun. Was ist wohl der Grund für Marens merkwürdigen Vergleich?

A: Sie braucht eine sehr starke Brille.
B: Sie betreibt nebenbei ein chinesisches Restaurant.
C: Sie redet wirres Zeug.
D: Sie braucht unbedingt eine eigene Kochshow.
(Mehrfachnennungen sind möglich und wahrscheinlich.)

Bei Lothar löste dieses Bekenntnis jedenfalls eine sofortige Schockstarre aus. Er brauchte ein paar Sekunden, um

den Bruce Willis von Vahrenwald. +++ Sie sind a

auf diese kulinarische Spezialauslassung eine adäquate Antwort zu finden: »Ob die Ente so lecker ausgesehen hat, das weiß ich nicht!«

Häh? Wie jetzt? Wie was? Wie der Hund? Der arme Vierbeiner hätte auch noch lecker ausgesehen? Hat Lothar in der Bundeswehrkantine gelernt, dass er so was für möglich hält?

Womit wir bei Sylvia wären, unserem mittelalten Geschoss aus dem VITALSHOP. Keine konnte figurformende Zauber-Pantyhosen besser verkaufen als diese Mischung aus der frühen Gisela Schlüter und Ilona Christen. Schon allein damit, wie sie »Baumwollzwickel« sagte, hätte sie auf einer Hotline bei 9live einen ganzen Abend bestreiten können. Unser Kollege Bernd beschränkte sich in den Shows auf gelegentliche Stichworte, denn hier machte nur einer die Big Points: Sylvia. An diesem Tag waren nun bereits ein paar Zauber-Pantyhosen in schwarz und champagner über die virtuelle Ladentheke gegangen, da lieferte Bernd der launig-leichtsinnigen Sylvia das Stichwort des Tages.

»Bitte waschen Sie die Hosen nur im Säckchen!«

Er war schon immer ein Streber. Dass er Waschsäckchen überhaupt kannte! Da hatte wohl jemand seine Produktinfos gelesen. Sylvia johlte auf, gleich angetan von so viel überraschendem Fachwissen auf Männerseite.

»Hast *du* denn einen Sack?«, fragte sie den entgeisterten Moderator, und als ihr klar wurde, was genau sie da gerade gesagt hatte, legte sie gleich noch nach, um auch ganz sicher mit *beiden* Beinen im Fettnapf zu stehen. »Ich meine Säckchen. Hast du ein Säckchen?«

er Pfalz? Da fahre ich auch gerne durch! +++ Das

Ich muss meinen Kollegen loben, er ließ sich da auf keine Diskussionen über seine Gekrösegröße ein. Stattdessen Rückzug.

»Am besten unterbrechen wir die Sendung an dieser Stelle«, meldete er Fernsehdeutschland, wandte sich um und kringelte sich vor Lachen. Wir sind Sylvia heute noch dankbar, dass sie nicht auf Beweisen beharrte.

Regel 4:
Achten Sie immer auf absolute Seriosität, denn Ihr Auftreten ist die Visitenkarte des Senders.

Nichts gegen den Pionier meiner Branche, Walter Freiwald. Über die Mittel, mit denen Rampensau Freiwald sein Publikum vergnügen wollte, kann man – wie Sie bereits im Stande sind zu beurteilen – streiten. Alles schön und gut – wenn er sich nicht auch noch zum Verkleidungskünstler berufen gefühlt hätte. Er ließ sich mit blonder Perücke im Dirndl vor der Kamera sehen, hing als Elvis verkleidet von der Studiodecke, lieferte als Heino mit dunkler Sonnenbrille und Klampfe Proben bescheidener Sangeskunst und versuchte, einen Walkman im Tütü an der Ballettstange zu verkaufen. Dass der Jugendschutz ihm solche Auftritte nicht verbot, gehört immer noch zu den Mysterien der Branche. Wenigstens veräppelte er auch Modern Talking in einer Nummer. Der Höhepunkt seiner kuriosen Verkleidungsarien war aber erst erreicht, als er sich als struppige Milbe in Strumpfhosen von einem Teppichklopfer jagen ließ. Leider gibt es noch keine Goldene Zitrone für die fragwürdigste schauspielerische Leistung eines Teleshopping-Moderators. Aber *wenn* es so was mal geben sollte, dann wird die Milbe gewinnen, hundert Pro!

Regel 5:
Strahlen Sie positive Energie aus, und schenken Sie Ihren Zuschauern stets Ihr schönstes Lächeln!

Tja, das hat unsere Moderatorin Gitta wohl auch gedacht, als sie das Set Latte Macchiato mit Aufschäumer, Schokostreuer, Gläsern und Löffeln tatkräftig unters Volk bringen wollte. Sie sollten Gitta mal *sehen*, wir reden hier von der Michelle Hunziker des deutschen Teleshoppings. Wenn die im roten, engen Kleid so einen scharfen Aufschäumer in der Hand hält und ihn gurrend immer in das Milchglas stößt, dann hat das etwas zutiefst YouPornmäßiges, glauben Sie mir. Das muss wohl auch die Regie gedacht haben und Gitta ein paar Takte übers Mikrofon eingeflüstert haben, denn zuerst grinst das scharfe Ding nur frech, dann sagt sie: »Das hättet ihr wohl nicht gedacht, dass ich so ein Gerät bedienen kann!«

Ach woher denn, Gitta, *ich* hab in dieser Hinsicht immer schon an dich geglaubt. Die leicht irritierende Spannung kriegt Gitta aus dieser Szene jedenfalls nicht wieder raus, und als sie das merkt, flüchtet sie sich einfach in einen lange anhaltenden Lachanfall. *So* kann man natürlich auch mit erotischer Spannung umgehen, Schatz. Und das alles mit einem Latte-Macchiato-Set für 29,95 Euro.

Regel 6:
Egal, was passiert – lassen Sie sich niemals aus der Ruhe bringen.

Ich bin ja eher nicht so der ruhige Typ. Manchmal wirkt selbst ein Fünfjähriger neben mir wie ein Yogalehrer. Das ist oft ein wenig anstrengend (für meine Familie), hin und wieder aber sogar eine Pest (für meine Gäste vor der Kamera). Ich kann dazu nur so viel sagen: Ich habe das nicht im Griff. So bin ich halt. Und die Leute vor den Fernsehern scheinen es mit mir auszuhalten. Besser jedenfalls als Wolle, mein Gastmoderator in den Medion-Sendungen. Darin geht es immer um Fernseher, Kameras, DVD-Recorder und so etwas, hoch komplizierte Technik eben. Da ist Wolle zuweilen schon richtig gefordert. Es hilft in diesen Momenten wenig, dass ein Moderator wie auf Drogen um ihn herumtanzt und ihm den letzten Nerv raubt.

So wie an dem Tag, als wir den Sat Receiver MDS 3060 im ELEKTRONIKSHOP präsentierten und Wolle über der Aufgabe schwitzte, die Vorteile von 2 200 TV-Speicherplätzen und 1 200 Radio-Speicherplätzen zu erläutern. Ich meine, wer braucht mehr als zwanzig Speicherplätze auf seiner Glotze? Bei diesen Programmen? Ich nicht. Also hörte ich Wolle auch nicht besonders aufmerksam zu. Stattdessen faszinierte mich der Umstand, dass wir auf dem Fernsehmonitor, der zwischen uns stand, zwar deutlich zu sehen waren, aber mit etwa einer Sekunde Zeitverzögerung. Was für eine tolle Sache (für einen Fünfjährigen!). Um das Prinzip deutlicher zu erläutern, stand ich auf, lief um meinen Sessel und den Fernseher herum und deutete fei-

arbeiten hier der Hygiene entgegen. +++ Die Län

xend auf den Monitor, wo mein anderes, eine Sekunde jüngeres Ich noch bräsig im Sessel lümmelte. Tolle Wurst, so was ein- bis dreimal zu sehen. Danach wird's aber schon etwas zäh, und als ich dann zum etwa achten Mal meine Runde drehte, zuckte Wolle schon beachtlich unentspannt mit dem Kopf. Seine Halsschlagader hätte als Schiffstau durchgehen können, so sauer war der Mann. Und so was nennt sich dann Profi. Hält nicht mal einen Moderator mit Bewegungs-Tourette aus. Natürlich brachte er keinen vernünftigen Satz mehr ins Mikro. Auch nicht unbedingt die Strategie, mit der man Sat Receiver für 99,95 Euro verkaufen konnte. Seine beiden letzten Statements in dieser Szene lauteten: »Das ist mir jetzt zu wild mit dir!«, und: »Bist du läufig, kann das sein?«

Hach, wie ich diese Sätze liebe! (Nicht unbedingt aus Wolles Mund allerdings.)

Regel 7:
Sicherheit geht vor.

Lassen Sie sich vor der Kamera auf keine Experimente ein. Das sage ich nicht nur so daher. Im KÜCHENSHOP konnte es schon manchmal hoch hergehen, vor allem, wenn das Produkt so martialisch hieß wie im Fall der Küchenmaschine Maxi Robo oder die Scream Machine im VITALSHOP. Der Maxi Robo bescherte unserem Moderatoren-Herz-Ass Walter einen fiesen braunen Klecks auf dem Kopf, ein Bussard hätte das nicht besser hinbekommen. Und mit dem Funsport-Dreirad Scream Machine landete

st so richtig schön lang. +++ Für diese Packung

Moderatorin Claudia so schmerzhaft auf ihrem Popek, dass allen Menschen vor der Glotze gleich klar wurde, wie es zu diesem Produktnamen kommen konnte. Autsch!

Was der Streifenschneider Raspini – zwei austauschbare Messer! – übrigens mit dem Finger von Pechprinz Uwe anstellte, überlasse ich Ihrer Phantasie. Nur so viel: Diese Menge Blut wurde zuletzt in einem Film gezeigt, der im Kino erst ab 23 Uhr laufen durfte. Schön professionell aber Uwes Kommentar zur Kamera, bevor er ins Krankenhaus gefahren wurde: »Und was lernt man daraus, liebe Zuschauer – diese Messer hier sind wirklich scharf.« Er klang sogar ein bisschen überrascht dabei.

Der schlimmste Unfall aber, der beim Teleshopping je vor laufender Kamera passierte, war natürlich *meine* Sache. Das war, als ich mal beim Kochen ein wenig zu heftig flambierte. Aber die Geschichte kennen Sie ja schon.

Zwiebeln hab ich 89 Cent bezahlt, und daraus mac

Chefsachen

Es ist immer das Gleiche mit meinen Chefs. Sie mögen mich nicht. Sie bewerfen mich mit Sendungen und Premieren und neuen Produkten, die ich präsentieren soll, aber sie *mögen* mich nicht. »Hach«, werden Sie jetzt denken, »wie kommt er denn da drauf? Macht sich bloß wieder wichtig, der Kühler-Alte.« Aber ich muss energisch widersprechen. Ehrlich, meine Chefs verzweifeln mit mir. Ständig muss ich bei den Streifenhörnchen im Büro antanzen.

»*Herr* Kühler«, schnarren sie gleich bei der Begrüßung, um klarzumachen, dass sie mir keinesfalls auf Augenhöhe begegnen: »*Herr* Kühler, haben Sie das wirklich gesagt? (Ersatzweise: Haben Sie das wirklich getan?) *Vor der Kamera?*«

Das sind ihre beliebtesten Sätze, wenn sie mit mir kommunizieren. Manchmal folgen sie sogar ganz schnell hintereinander in nur *einem* Gespräch. Ich gebe zu: Meistens *habe* ich das gesagt oder getan, was mir zur Last gelegt wird.

»Wer jetzt nicht kauft, ist selber schuld!«, ist so ein böser Satz. Den beispielsweise benutze ich sehr häufig. Es bringt unsere Marketingexperten immer wieder aufs Neue auf die Palme.

»Wir sind doch nicht auf Rheumadecken-Tournee«, belehren sie mich ein ums andere Mal. »Das können Sie doch so nicht sagen!« Kann ich sehr wohl, und ich kann auch auf der Stelle tanzen wie ein Salsa-Löwe, in der Kochshow einen ordentlichen Schluck aus der Weinpulle hinunterstürzen, dem zotteligen Weihnachtsmann einen Klaps auf den Hintern geben und meiner FORMSCHÖN-Kollegin Gitta ausdrücklich zu ihrem einladenden Dekolletee gratulieren. Und wissen Sie, warum ich das alles kann? Weil ich's nicht böse meine. Weil ich kein schmieriger, zynischer, fieser Möpp bin, sondern einfach nur ein gut gelaunter Schalk, der seinen Job mag – und ihn nicht ernster nimmt, als er ist.

Natürlich kann ich mir das deshalb herausnehmen, weil meine Zuschauer dieser Quatsch vergnügt, den ich den ganzen Tag vor der Kamera mache. (Und es muss nicht mal immer der eigene Witz sein, ich gebe zu, dass ich mich auch gerne von den Kollegen inspirieren lasse.)

Den Leuten zu Hause geht es doch im Grunde wie jedem anderen normalen Menschen auch: Sie lachen gern. Lachen ist gesund. Und wer viel lacht, kriegt vor dem Fernseher möglicherweise gar nicht mit, dass er jetzt schon seit fünfundsiebzig Minuten interessiert an einer Sendung klebt, in der Heimwerkergeräte verkauft werden oder elastische Damenunterwäsche. Dem Vergnügten schlägt keine Stunde. Mein Erfolg rührt also in erster Linie wohl daher, dass ich den Menschen nicht nur Fernsehgeräte, scharfe Messer oder Nähmaschinen verkaufe, sondern Spaß. Sie zahlen zwar am Ende für die Produkte, aber das ist wirklich nur der letzte Schritt.

Meine Bosse wissen das. Es ist auch nicht so, dass sie meine Zahlen nicht zu schätzen wissen. Aber ich bin ihnen trotzdem suspekt. Nicht seriös genug, nicht berechenbar: Sie haben den Eindruck, dass ich schwer zu handeln bin. So wie ein temperamentvolles Rennpferd, mit dem man zwar in Bestform Preise gewinnen kann, das aber an einem wilden Tag auch gerne mal seinen Reiter abwirft. Natürlich ist das übertrieben. Ich kenne die Grenzen, die mein Business mir setzt, und ich teste sie gerne aus. Aber meistens überschreite ich sie nicht. Meistens. Bis jetzt.

Ich meine, ich bin inzwischen seit mehr als zehn Jahren nonstop als Verkäufer vor der Kamera. In vielen Wochen zwanzig Stunden live. Küchengeräte, Haushaltsreiniger, Heimwerker- und Gartengeräte, ja sogar elastische Damenwäsche sind meine Welt. Ich übertreibe nicht, wenn ich behaupte: Ich kenne jedes meiner Produkte genau. Mehr als einmal hat mich meine Ex-Frau sehr seltsam angesehen, als ich zu Hause wieder eines der Produkte ausprobierte, die ich in der kommenden Woche verkaufen sollte. Aber da musste sie durch. Vor jeder Sendung beschäftige ich mich eingehend mit all den Sachen, die ich später in die Kamera halten werde. Das gehört zu meinem Job. Meistens sieht es in der Sendung dann zwar so aus, als würde ich einfach nur erzählen, was mir gerade in den Sinn kommt. Und manchmal stimmt das sicher auch. Trotzdem kann ich das nur, weil ich genau weiß, um was es geht – und dass ich im Zweifel jede Frage zum Produkt auch ernsthaft beantworten könnte.

Nehmen wir mein Gespräch mit Bettina Böttinger. Bei ihr war ich neulich zu Gast. Also nicht zu Hause. In ihrer Talkshow KÖLNER TREFF im WDR. Ich war dort eingeladen worden, weil ich »der Mann mit der größten Präsenz im deutschen Fernsehen« bin – so wurde ich jedenfalls von der Talkmasterin eingeführt. Ich weiß nicht, ob das stimmt, ich habe das nicht recherchiert. Wir können uns ja darauf verständigen, dass ich sehr, sehr häufig live im Fernsehen moderiere. Und wer weiß, wie anstrengend das sein kann, hat auch Verständnis dafür, dass ich ein wenig stolz auf diese Leistung bin. Auch, wenn Anke Engelke bei den Worten Bettina Böttingers schaute, als hätte sie auf was Ekliges gebissen. (Ich erwähnte ja schon, dass manche Menschen Teleshopping ganz nah an Tierquälerei oder der Erregung öffentlichen Ärgernisses verorten.) Die Stimmung in der Runde war generell etwas zurückhaltend, Bergfex Reinhold Messner saß da, die Schriftstellerin Ulla Hahn und der Arzt und Bestseller-Autor Eckart von Hirschhausen. Jedenfalls fühlte ich mich in dieser illustren Runde auch nicht anders als der örtliche Büdchenbesitzer, der unbehaglich beim Bürgermeister um die Hand von dessen Tochter anhält.

»Was ist denn das für einer?«, stand meinen prominenten KÖLNER TREFF-Kollegen in Großbuchstaben auf der Stirn geschrieben. Ich kenne das schon. Es hat selbst bei meinen engeren Freunden gedauert, bis sie respektierten,

abgestimmt. +++ Die Hochzeiten gehen ja wied

was ich da eigentlich den ganzen Tag treibe – und dass ich das auch noch ganz ordentlich hinkriege.

Es dauerte dann zum Glück nur dreißig Sekunden, bis ich das Publikum und die anderen Gäste zum Lachen gebracht hatte. Mit einem schlagfertig aus der Hüfte geschossenen, aber politisch sicher nicht ganz korrekten Witz: Ich sollte mal erzählen, was ich überhaupt so verkaufe – und wie man denn um Gottes willen viele Worte um eine schnöde Pfanne machen könne. Ich antwortete, dass allein der Unterschied zwischen einer viereckigen und einer runden Pfanne schon nach ein paar Erklärungen verlangte. Bettina Böttinger schrie auf: »Eine Hundepfanne?«

»Nein, eine *runde* Pfanne«, antwortete ich. »Andernfalls hätte ich Ihnen doch unseren chinesischen Wok angeboten.«

Schon bog sich das Studiopublikum vor Lachen. Im Sender wäre das ganz sicher wieder der Moment gewesen, an dem mich die Bosse aus der Geschäftsführung zu sich in die Offiziersmesse bestellt hätten.

»Um Gottes willen, *Herr* Kühler, Sie können doch in unserer Sendung nicht so einen Witz über Hunde in chinesischen Woks machen, unsere Zuschauer sind doch Tierfreunde!«

Ja, meine Damen und Herren, das bin ich auch. Aber in erster Linie bin ich eben nicht auf den Mund gefallen. Ich erkenne, wenn der Ball schon auf dem Elfmeterpunkt liegt und ich das Ding nur noch zu verwandeln brauche.

Im KÖLNER TREFF hatte ich jedenfalls mit dem Hundewok das Eis gebrochen. Man hörte mir daraufhin sehr

s! +++ Die Jacke will so behandelt werden wie

amüsiert und aufmerksam dabei zu, wie ich Werbung für unseren Sender machte. (Der Zweck heiligt die Mittel, da haben wir es wieder.) Indem ich beispielsweise eine kleine Vorlesung über Damenschlankstützwäsche hielt, die es bei uns immer in der FORMSCHÖN-Show zu kaufen gibt. Schon allein der Begriff kam bei Bettina Böttinger und ihrem Publikum extrem gut an.

»Damenschlankstützwäsche? Was ist das denn?«, erkundigte sich die Fernsehdame kichernd.

Ich holte aus: »Früher gab es normale Miederwäsche. Die hat die Dame allerdings ungern angezogen, weil sie so gezwickt hat. Im Zeitalter der Modernisierung gibt es nun neue Stoffe aus Hightech-Elasthan. Die komprimieren zum Beispiel Problemzönchen weg – da fühlt man sich gleich viel besser drin – auch wenn der Zauber flöten geht, wenn man das Teil wieder auszieht.« (Der alte Witz!)

Zustimmendes Nicken und Grinsen im ganzen Studio.

»Kennen Sie noch den Nierengurt vom Motorradfahren?«

Ich hatte gelernt, dass es immer gut ist, sein Publikum mit einzubeziehen und keinen monologisierenden Frontalunterricht zu machen. Beim Teleshopping vor der Kamera erledigt der Gast diesen Job, aber diesmal musste eben Bettina Böttinger als Dialogbande herhalten. Brav antwortete sie: »Ja natürlich!«

»Sehen Sie – der macht ungefähr dasselbe. Der drückt ein bisschen zusammen und wärmt. Die Mode, die wir da verkaufen, die wärmt nicht, aber sie gibt der Frau ein warmes, sicheres Gefühl.«

das natürliche Fell von unserem Hirsch. +++ Wer

Wieder allgemeines Gelächter. Bettina Böttinger wandte sich an ihre amüsierte Runde: »Ich wollte jetzt gerade Frau Hahn fragen, ob sie eher die Bratpfanne oder die Stützwäsche haben möchte.«

Ich fiel ihr vorlaut ins Wort: »Wenn sie beides nimmt, fällt die Versandkostenpauschale weg.«

Wieder allgemeines Gekicher. Klar, ungehörig und vorlaut. Aber Frau Hahn amüsierte sich wie Bolle. »Der Mann kann ja alles verkaufen!«

Da hat sie wohl Recht. Frau Engelke blieb zwar skeptisch und behauptete, sie sähe zu wenig fern, um sich mit Teleshopping auseinanderzusetzen, doch Ulla Hahn beteuerte glaubwürdig: »Das kucke ich mir jetzt mal an.«

Ich denke nicht, dass sie das je wirklich gemacht hat, so verstiegen und selbstverliebt bin ich auch wieder nicht. Keine Sorge. Aber wenn das an diesem Abend bei Bettina Böttinger eine Verkaufsshow gewesen wäre und ich das Produkt, glauben Sie mir: Ulla Hahn hätte mich bestellt. Wie bereits erwähnt, nennt man so etwas in unserem Business einen Impulskauf! Selbst der lustige Eckart von Hirschhausen packte noch einen aus:

»Teleshopping ist ja eigentlich moderne Psychotherapie. Sie entspricht der tiefen Sehnsucht des Menschen, irgendwo dazuzugehören!« Ich weiß nicht, ob der Herr von Hirschhausen in dieser Hinsicht Recht hat, aber wer bin ich, dass ich die Erkenntnisse eines Bestsellerautors anzweifeln würde? Und wenn ich auch als TV-Therapeut dienlich sein kann, dann soll es mir recht sein.

e eingeladen sind, zum Halbfinale oder so, dann

Ein Männlein steht im Walde

Lassen Sie uns mal gemeinsam darüber nachdenken, wer eigentlich noch alberner aussieht als ich, während er seinen Job macht. Da würde mir als Erstes der klassische Bankräuber einfallen. Nylonstrumpfhose über dem Gesicht, Wasserpistole im Anschlag – die Dienstkleidung eines Bankräubers ist wirklich nicht besonders stylisch. Ebenso fragwürdig finde ich ja das knappe Höschen, in dem unser Bademeister in Burscheid immer die Aufgüsse in der Sauna macht. Alle anderen sind ganz pudel, er aber trägt diesen Hauch von Hose. Warum zum Teufel tut er das? Fürchtet er, dass er an Glaubwürdigkeit verliert und seinen Job nicht mehr ordentlich ausüben kann, wenn auch er blankzieht? Das sind Fragen, die mich ernsthaft bewegen.

Sie merken, gerade bin ich ein wenig philosophisch gestimmt. Das liegt am Heinzelmännchentag und dem Umstand, dass ich deshalb heute mal wieder stundenlang wie ein Idiot aussah. Ich kokettiere nicht, keineswegs. Ich trug einen schwarzen Anzug, ein anthrazitgraues Hemd und schwarze Stiefeletten aus Leder. Soweit keine Auffälligkeiten. Im Gegenteil. Für meine Verhältnisse war das schon fast Wall Street, nur die Manschettenknöpfe und die Goldnadel fehlten. Allerdings habe ich ein entscheidendes Utensil verschwiegen. Auf meinem Kopf konnte ich mir mein Streuhaar heute sparen. Dort nämlich saß eine kecke rote Zipfelmütze. Ich wiederhole: *eine rote Zipfelmütze*.

Ich hielt mich heute etwa neun Stunden im Sender auf. Zwischen 10 und 12 Uhr präsentierte ich Putzmittel, dann ab 14 Uhr eine Stunde Bügeleisen, und zwischen 17 und 18 Uhr kam eine Runde Pfannen dazu. Das heißt, dass ich ganze vier Stunden lang im Fernsehen zu sehen war. Als Typ im seriösen schwarzen Anzug, der dazu eine rote Zipfelmütze trägt. Ich hoffte währenddessen nur, meine Kinder würden dieses unwürdige Schauspiel nicht beobachten müssen. Ich hätte nicht gewusst, was ich zu meiner Entschuldigung vorbringen könnte. Außer vielleicht: »Die anderen haben es auch getan!« Oder, alternativ:

»Ich musste die Mütze tragen, es war eine Dienstanweisung.« Natürlich wäre ich damit nie bei meinen Kindern durchgekommen. Ich erzähle ihnen immer davon, wie wichtig es sei, Zivilcourage zu zeigen. Und nicht in den Bach zu springen, nur weil die anderen es auch tun. Zum Glück haben sie bis heute nie danach gefragt.

Sie wissen ja inzwischen, dass die Bosse in einem Teleshopping-Sender manchmal sehr merkwürdige Vorstellungen davon haben, wie sie den Verkauf ihrer Produkte anheizen können. In der Regel setzt man da bei uns an, dem Verkaufspersonal. Dass manche Produkte, gelinde gesagt, schwierig zu verkaufen sind, möchten diese Herren nicht wahrhaben. Stattdessen müssen wir uns mit weltfremden Dienstanweisungen auseinandersetzen. Sie erinnern sich an diese Nagellackverordnung? Dann wurde unseren DISKRETE STUNDEN-Moderatorinnen verboten, die Dildos, Vibratoren oder Peniskugeln, über dessen Vorzüge sie bei gedämpftem Licht sprechen sollten (sie saßen praktisch im Dunkeln!), auch zu zeigen. Was für eine absurde Idee: Einerseits wollte man die neckischen Schweinereien fürs Schlafzimmer verhökern, andererseits aber auch möglichst nichts damit zu tun haben.

Wieso die gleiche Klientel dann solche Produkte *kaufen* soll, die sie nicht sehen darf, bleibt auf ewig ein Mysterium. Weil sie viel Gutes darüber gehört haben?

Aber darüber rege ich mich ja gar nicht auf. Es ist doch bloß die rote Zipfelmütze, die mich fertigmacht.

Einer unserer Helden vom RTL Shop hatte damals eine Idee gehabt. Wie wäre es, mag er gedacht haben, wenn die Moderatoren alle mal einen Tag lang in roten Zipfelmützen auftreten müssen? Wäre das nicht großartig? Würde das nicht den Abverkauf unserer Produkte um ein Vielfaches steigern? (Und könnten wir unsere Leute nicht in einem Aufwasch auch gleich der totalen Lächerlichkeit preisgeben?) Ich weiß nicht, welches der drei *Ja!s* unseren Marketingprofi schließlich überzeugte. Jedenfalls sendete er am nächsten Tag eins der gefürchteten Memos aus der Geschäftsleitung ans Fußvolk, in dem wir Moderatoren darüber in Kenntnis gesetzt wurden, dass der Sender nun regelmäßig einen »Heinzelmännchentag« einrichten wird, an dem alle Moderatoren und

Gäste dazu angehalten werden, eine rote Zipfelmütze aufzusetzen.

Weil so eine Ansage möglicherweise nicht von jedem Mitarbeiter goutiert wird, hatte man uns netterweise auch noch die Geschichte der Heinzelmännchen zu Köln beigeheftet. Vielleicht nahm man an, dass ein semikultureller Bezug unserer Kopfbedeckung ein wenig mehr Würde verleiht. Ist natürlich Quatsch, rote Mütze bleibt rote Mütze. Aber ich möchte Ihnen die Geschichte trotzdem nicht vorenthalten. Sonst glauben Sie mir das doch gar nicht.

1836 schrieb ein gewisser August Kopisch ein Gedicht: *Die Heinzelmännchen zu Köln*. Angeblich sei das eine kaum verhohlene, preußische Kritik an die Adresse der zur Leichtlebigkeit neigenden Rheinländer gewesen. Die haben das aber offenbar nicht so empfunden. Typisch Rheinländer. Sagt man ihnen, sie seien versoffene, faule Säcke, dann lehnen sie sich zurück und sagen: »Watt denn sonst?«

Aus diesem Grund gibt es seit 1899 einen Heinzelmännchenbrunnen vor dem Brauhaus Früh. Die Kölner sind stolz drauf.

Aber erst mal das Gedicht:

Die Heinzelmännchen zu Köln

Wie war zu Cölln es doch vordem,

Mit Heinzelmännchen so bequem!
Denn, war man faul: ... man legte sich
Hin auf die Bank und pflegte sich:
Da kamen bei Nacht,

nnenfinsternis, die man bei uns nicht so richtig

Ehe man's gedacht,
Die Männlein und schwärmten
Und klappten und lärmten
Und rupften
Und zupften
Und hüpften und trabten
Und putzten und schabten …
Und eh ein Faulpelz noch erwacht …
War all sein Tagwerk … bereits gemacht!

So weit die Worte von Meister Kopisch. Unser Mann vom Marketing muss die Zeilen wohl in die Finger bekommen und gedacht haben: Prima Sache, diese Heinzel – die stehen ja im Prinzip genau für das, was all die hilfreichen, praktischen Produkte für unsere TV-Zuschauer sind. Sie sind die Helden des Alltags!

Im Programmheft des Senders las sich das dann so:

Einen ganzen Tag lang präsentieren wir Ihnen Produkte, die Ihre tägliche Arbeit im Haushalt fast von allein erledigen, wie die Heinzelmännchen. Ob bügeln, putzen, waschen oder saugen – mit unseren Heinzelprodukten ist die Arbeit schnell getan!

Und weil so eine abstrakte Idee ja schwer zu vermitteln ist, ging unser Marketing gedanklich gleich den ganzen Weg. Ich erwähnte es bereits: Damit die Zuschauer zu Hause den Zusammenhang zwischen Produkten und den Heinzelmännchen gleich verstehen, tragen wir und unsere Gäste an einem Tag wie heute eben rote Zipfelmützen.

sieht, aber irgendwo in der Mongolei – und gera

Lesen Sie noch, oder haben Sie sich schon abgewandt, weil Sie glauben, ich würde Sie veräppeln? Keineswegs. Genau so trug es sich zu. Der Einkauf erhielt den Auftrag, rote Mützen im Dutzend heranzuschaffen, die Dienstanweisung machte beim kopfschüttelnden Personal die Runde, die Mützen wurden verteilt, und dann war er plötzlich da, der Heinzelmännchentag.

Ich würde gern behaupten, wir hätten uns im Vorfeld des ersten Termins konspirativ in einem Kellerraum getroffen und beschlossen, diese unwürdigen Dinger zu boykottieren. War aber nicht so. Die Damen zogen nicht so recht mit, bei den Fingernagelfarben hatten sie noch deutlich mehr Empörung gezeigt. Einige unter ihnen vermuteten sogar, dass sie mit Mütze *ganz süß* aussehen würden (was sich allerdings nur bei den beiden Damen bestätigen sollte, die normalerweise zu kuriosen Fönfrisuren neigten).

Für uns war der Heinzelmännchentag eine einzige Tortur. Nie zuvor sahen im deutschen Fernsehen Moderatoren geschlossen aus wie ein angeschickerter Kegelclub auf Rüdesheim-Tour.

Unsere Programmleitung, normalerweise streng darauf bedacht, das Unternehmen als seriös darzustellen, agierte nach dem Adenauer-Motto: »Was stört mich mein Geschwätz von gestern«. Diesmal hieß die Losung eben: »Der Zweck heiligt die Mittel!« Der Zweck war, mehr von unseren Produkten zu verkaufen. Und was soll ich sagen: Es funktionierte. Offenbar schienen eine Menge Zapper da draußen in der Zuschauerwelt bei uns hängenzubleiben, weil die Moderatoren alberne rote Zipfelmützen trugen.

Unser Umsatz verdoppelte sich an diesen Tagen. Er *verdoppelte* sich.

Wir waren natürlich bestürzt. Einerseits. Andererseits ... Wir sind ja nicht blöd – und haben schließlich auch was davon, wenn die Umsätze steigen. Wenn rote Mützen uns viele neue Kunden bringen, dann springen wir halt über unseren Schatten. Was soll's: Tragen wir die Dinger jetzt eben öfter! Von diesem Tag an musste man sich als RTL Shop-Zuschauer schon fast in Acht nehmen, nicht zweimal in der Woche zum Heinzelmännchentag gebeten zu werden. Wir beriefen eine kreative Runde ein und suchten nach weiteren Möglichkeiten, alberne Kopfbedeckungen in den Senderalltag zu integrieren. Wir dachten, was mit Haushaltsprodukten funktioniert, ist sicher auch in der Küche ein Hit. Schon trugen wir rote Kochmützen und nannten diesen Unfug frech das *Festival der Küche*. Auch diese *Line Extension* lief wie geschnitten Brot. Und weil das alles so schön war, entwickelten wir zusätzlich noch ein paar so genannte Eventtage, setzten uns an noch mehr Tagen Quatsch auf den Kopf und bewegten unsere Zuschauer tatsächlich auch jetzt wieder dazu, *noch* mehr zu bestellen. Als wir an unseren Eventtagen auch noch die Versandkosten kappten (schlappe 5,95 Euro), brannten die Leitungen in unserem Callcenter wie ein Reetdachhaus. Wahnsinn. Und das alles wegen einer roten Mütze. Ist Teleshopping nicht eine großartige Geschichte?

komplette Gehirn am großen Zeh. (Es ging um F

Den kenn ich doch?« (oder: Wenn Promis Teleshopping machen)

Zu den großen Zielen jeder durchschnittlichen Existenz gehört es offenbar, irgendwann einmal prominent zu sein. Man muss sich nur die kilometerlangen Schlangen vor den Castingbüros ansehen, wenn Deutschland wieder einen Superstar sucht oder Heidi aus Bergisch Gladbach einem zickigen Vorstadtmodel falsche Vorstellungen vom Leben einbläut. Dabei ist es gar nicht so toll, prominent zu sein. Okay, wenn man es schlau anstellt, dann verdient man eine Menge Geld und kann sich zwei Häuser, drei Autos und vier Ehen leisten, was allerdings die monatlichen Fixkosten eminent aufbläht. Zu den weiteren Nachteilen gehört, dass man ab einer gewissen Prominenz keinen unbeobachteten Schritt mehr tun darf. Mir hat dieses Zitat von Kevin Costner schon immer gefallen: »Ich bekomme 100000 Dollar, um zu schauspielern, und sechs Millionen für den Verlust meiner Privatsphäre.« Lustig? Für Sie vielleicht. Nicht für Kevin Costner und seine Kollegen. Überall lauern Fotografen, Paparazzi (nicht dasselbe) und, wenn es ganz doof läuft, Leserreporter von der *BILD*, die einen mit ihren Handykameras so *richtig* in die Scheiße reiten können. Egal, ob man beim Pom-

ssage.) +++ 720 Leitungen sind relativ voll ...

mes-Essen oder beim Schaumweinschlürfen im Puff abgeschossen wird, hinterher hat der eigene Presseagent alle Hände voll damit zu tun, zu dementieren, dass man an Bulimie leidet, oder glaubwürdig zu beweisen, dass man nur aus Recherchegründen für einen Film im Bordell vorbeigeschaut hast. (Es sei denn, es ist sowieso schon alles egal, wie bei Charlie Sheen oder Ottfried Fischer.)

Prominent sein ist außerdem keine Sache, die man irgendwann überstanden hätte wie Lungenentzündung oder eine hässliche Gürtelrose. Wer einmal die Salbungen der medialen Bedeutung genossen hat, bleibt auf immer und ewig in den Annalen der Klatschblätter präsent. Selbst wenn vor der Kategorie Promi im weiteren Verlauf nur noch mit den abwertenden B-, C- oder sogar D-Klassifizierungen gearbeitet wird.

Das heißt also, dass man hinterher – wenn die Karriere so langsam den Bach runtergeht – nicht mal mehr eine Fischbude betreiben kann, ohne von der Öffentlichkeit argwöhnisch oder sogar spöttisch beobachtet zu werden. Egal, was man mit seinem Leben anfängt, wenn man früher einmal *bekannt* war: Leicht wird es nicht. Und wenn's ganz mies läuft, landet man sogar beim Teleshopping. Last Exit Channel21, HSE24 oder QVC!

Natürlich ist das ein wenig übertrieben, aber wenn man die hämischen Artikel über meine prominenten Kollegen liest, dann muss man es fast glauben. Meine Meinung ist das nicht, nur, damit wir uns nicht missverstehen. Für *mich* ist der Job perfekt. Hallo! Ich war mal Verkäufer von Automobilen in einer Lagerhalle in der Vorstadt. Für mich ist so ein Fernsehstudio eine Komfortzone. Ich mag es ja sogar, als Robbie Williams für Pulloverträgerinnen wahrgenommen oder von der SÜDDEUTSCHEN als Hausfrauenflüsterer bezeichnet zu werden. Ich weiß eben, was ich kann, und vor allem, was mir Spaß macht, ich freu mich über jeden Tag in meinem Business. Für Leute aber, die schon vor einem Millionenpublikum die Showtreppe gerockt haben oder mit einem Auge stets nach Hollywood geschielt haben, ist es sicher kein Vergnügen, bei QVC elastische Unterwäsche zu verjubeln.

Das Problem dabei ist zudem, dass es sich meiner Meinung nach bei dieser Verbindung von Promi und Teleshopping um eine *Lose-lose*-Situation handelt. Der vermeintliche (Ex-)Star wird in den Medien als eine Person verkauft, die früher mal ein respektables Image genoss (warum auch immer) und nun aber im Teleshopping *gelandet* sei. (Wobei gelandet in diesem speziellen Kontext ausnahmsweise mit *abgestürzt* gleichzusetzen wäre.) Für mich klingt das für beide Seiten nach einem unsauberen Tiefschlag. Außerdem plagt sich der Sender dann mit einer Moderatorin oder einem Moderator herum, der das, was er da treibt, im Grunde für unter seiner Würde hält. Dementsprechend motiviert macht er seinen Job. Ich habe schon ehemalige Showgrößen bei uns im Sender mit einem Gesicht rumlaufen sehen, als seien sie zu Besuch bei der örtlichen Müllverbrennungsanlage.

Ich meine, ich schreibe das hier so einfach. Aber verstehen Sie das richtig: Ich zeige nicht mit dem Finger auf Kollegen, weil ich ein böser Mann wäre. Ich verstehe den Konflikt, mit dem sie hadern. Die wollen ja noch nicht in Rente, ein paar müssen noch an ihrem Sparstrumpf stricken. Es ist ein wenig wie bei einem Ballack, der erst bei Chelsea und dann in der deutschen Nationalmannschaft vor die Tür gesetzt wurde und jetzt ein wenig unlustig in Leverkusen kickt – auch nicht unbedingt das Dream Team, für das man sich täglich den Allerwertesten aufreißt. (Natürlich nur, wenn man Ballack heißt. Ein gewisser Ralf Kühler würde für einen Einsatz im Leverkusener Mittelfeld eine Fingerkuppe opfern, mindestens!)

Persönlich habe ich auch gar nichts gegen die Promis, die ich beim Teleshopping kennengelernt habe. Die meisten fand ich sogar sehr nett. Selbst Anja Kruse ist sicher nicht verkehrt, auch wenn die praktizierende Buddhistin mir persönlich eine Spur zu häufig beteuert, überhaupt kein Problem mit ihrem Alter zu haben. Null. Kein Stück. Hätte sie eigentlich gar nicht nötig, das immer wieder zu betonen. Die Frau sieht auch mit 55 wirklich noch Hammer aus. Was wäre *das* für ein tolles Argument für all die Cremes, die sie bei Channel21 vertrieben hat. Dabei handelt es sich um eine elegante Pflege- und Kosmetikserie mit dem Namen My Elements. So weit, so straff. Es gibt da nur ein kleines Problem. Im Ernstfall traut die gute Frau offenbar ihren eigenen Erzeugnissen nicht über den Weg. Ausgerechnet der BILD – diesem mit allen Wassern gewaschenen Medienprofi – verriet Anja Kruse im Vertrauen, was wirklich hilft, wenn Tränensäcke und Faltenarmeen die Herrschaft im eigenen Gesicht übernehmen wollen: Hämorrhoidencreme! Die schmiert sie sich nämlich ins Gesicht, wenn alles glattgehen soll. Kein Witz. Sei aber nur für Sonderfälle, wie den roten Teppich oder so! Fragt sich natürlich, ob die Elements im Gegenzug dann für den A… sind.

mal, ohne nachzudenken. +++ Wenn Sie Single sin

Ich finde, unter diesen Umständen ist es kein Wunder, dass My Elements nicht unbedingt der Verkaufsschlager bei Channel21 geworden ist. Unter uns: Der Trick mit der Hämorrhoidencreme scheint tatsächlich zu funktionieren. Das berichten jedenfalls Kollegen, die gerne mal eine Nacht durchfeiern und am nächsten Morgen salonfähig aussehen wollen. In dieser Hinsicht können wir Frau Kruse also keinen Vorwurf machen. Vor der Teleshopping-Kamera, nun ja: Man darf die Performance der ehemals erfolgreichen Schauspielerin allenfalls lauwarm nennen.

Aber da ist sie in guter Gesellschaft: Auch Ex-Playboy-Model Gitta Saxx machte bei HSE schon 2005 Schlagzeilen, als sie dort ganz unbeleckt von professionellem Verkaufstalent die eigene Kosmetiklinie Treat of Beauty by Gitta Saxx verhökerte. Mir gefällt schon allein der Name. Hört sich an wie eine Persiflage auf Karli Lagerfeld, wie ein *Tritt von Beauty ins Gesicht* von Menschen mit Feingefühl. Aber hey, am Ende zählt nur der Erfolg. Und ist es etwa kein Erfolg, im Jahr 2011 vor einem Millionenpublikum im deutschen Fernsehen zu agieren? Wir reden vom Dschungelcamp, wo das inzwischen 46-jährige Topmodel zwar nach zehn Tagen rausgewählt wurde, aber trotzdem glücklich war: »Ich habe sieben Kilo abgenommen!«

Wo ich gerade schon dabei bin, mich über prominente Blondinen zu amüsieren: Auch Susan Stahnke ist eine Teleshopping-Kollegin von mir. Man kennt die ehemalige TAGESSCHAU-Sprecherin vermutlich als von Harald Schmidt dauerbeschossene »Stänky« mit dem Wunsch, in Hollywood Karriere zu machen. Was leider nicht ganz so gut funktionierte. Das Nächste, was man von ihr hörte, war ihre Medienoffensive für das kurioseste Produkt der jüngeren Toilettenhistorie: Susan Stahnke warb für das Klosett Lady P., ein angeblich ziemlich komfortables Stehpissoir für Frauen. Sie präsentierte das Ding bereits vor der Jahrtausendwende auf einer profanen Messe für Haus- und Gebäudetechnik und bewarb sich damit quasi für eine Karriere beim Teleshopping. Und was soll ich sagen, zwei Jahre später turnte sie tatsächlich mit uns beim RTL Shop herum. Im wahrsten Sinne des Wortes: Nach dem Griff ins Klo mit dem Urinal (nicht so der Verkaufshit) investierte sie ihre Kräfte in Fitness- und Wellness-Zubehör. Ich verrate Ihnen kein Geheimnis, wenn ich sage, dass es auch diese Produkte nicht ganz bis auf den Olymp der Teleshopping-Hitparaden geschafft haben.

Schon klar: In der Regel lassen B- und C-Promis erst einmal die Kassen klingeln, egal, wie gut sie sich zum Verkäufer eignen. Sie erregen Aufmerksamkeit, für die Presse sind ihre Namen immer eine Meldung wert. Jedenfalls in den ersten Wochen. So präsentierte die Sängerin Joy Fleming erfolgreich eine Modelinie für die starke Frau. Selbst Cindy Berger, die eine Hälfte von Cindy und Bert, tauchte mit einem Produkt auf, das ich persönlich eher Susan Stahnke zugetraut hätte. Mit Darm-Fit-Kapseln nämlich. Und wen es interessiert: Selbst ein ehemaliger Box-Weltmeister im Schwergewicht, George Foreman, vertreibt im amerikanischen QVC sein Lieblingsprodukt: einen Low-Fat-Grill. Dabei dachte ich immer, wem so lange professionell auf die Glocke gehauen wurde, der müsste seine Schäfchen längst im Trockenen haben? Na ja, vielleicht braucht er die Aufregung.

Auch beim echten Heino konnte ich mir im Grunde nur schwer vorstellen, dass er sich beim Teleshopping sein Taschengeld aufbessern muss. Trotzdem tauchte er bei HSE24 auf und verhökerte schmerzfrei die eigenen Heino-Wackelfiguren und Heino-Krawatten. Mysteriös.

Und um dieses Thema abzuschließen, noch einige wenige Sätze über eine Person, die beim Teleshopping sogar einen richtigen Skandal entfachte: Uschi »Schätzchen« Glas. Vielleicht erinnert sich noch der ein oder andere daran, dass Stiftung Warentest die Hautnah-Kosmetiklinie der bayrischen Charakterdarstellerin aus dem Verkehr zog. Na ja, zumindest indirekt. Stiftung Warentest bewertete die Cremes von Uschi Glas mit einem humorlosen »mangelhaft«. Dagegen half dann auch kein samtweiches Lachen und das charmante rollende R vor der Fernsehkamera, die Hautnah-Linie legte im Teleshopping-Pool einen feinen Bauchplanscher hin. Einige Testerinnen der Höllensalbe führte der Hautnah-Effekt sogar auf direktem Weg zum Doc, sie litten unter schlimmem Ausschlag. Der entsetzten Uschi kam der Schaden teuer zu stehen – und vermutlich nicht nur ihr.

Aber klar, ich habe auch prominente Kollegen erlebt, die ihren Job wirklich draufhaben. Jenny Elvers-Elbertzhagen zum Beispiel. Das erwartet man gar nicht. Doch die blonde Ex-Heidekönigin und Aktrice – wer erinnert sich nicht an ihren schlüpperfreien Auftritt in MÄNNERPENSION – ist nicht nur richtig nett und kollegial, sie weiß auch, worum es beim Teleshopping geht. Sie verkauft ihre Schmuckkollektion Jenny's mit Biss und einer trocken-komischen Rhetorik. Man muss die Zuschauer erst

e die günstige Gelegenheit, denn die ist günstig.

mal dazu bringen, funkelnde und nicht ganz preiswerte Swarovski-Kristalle im Fernsehen zu bestellen. Da reicht es nicht, mal die Skandalnudel der Saison gewesen zu sein – man muss seinen Job beherrschen. Mit Jenny Elvers arbeite ich persönlich sehr gern zusammen – das ein oder andere spontane Späßchen geht mit ihr immer.

Schließlich noch ein tiefer Diener vor einem Mann, den ich schon in seinem ursprünglichen Job immer für seinen hintergründigen Witz und seine freundliche Ausstrahlung bewundert habe: Jo Brauner. Auch der ehemalige Mister Tagesschau verdingte sich im RTL Shop an meiner Seite als Teleshopping-Moderator. Damals hoffte man beim Sender, das Old-School-Hobby Briefmarkensammeln wieder ein wenig zu beleben. »Deutschlands erstes TV-Format für Philatelisten« verlangte natürlich nach einem seriösen Gesicht, ist schließlich was anderes, Bierzapfanlagen oder Briefmarken zu verkaufen. Um sich für Produkt eins zu interessieren, braucht man im Grunde bloß Durst, bei den Briefmarken allerdings muss der Moderator schon in der Lage sein, unserer Klientel eine sanfte Gehirnwäsche zu verpassen. Selten habe ich einen Mann so nett, kompetent und unaufgeregt in eine Kamera sprechen sehen, egal, ob er nun über Briefmarken sprach oder Münzen. Der Mann hätte den Text einer British-Airways-Kotztüte verlesen können, und man hätte ihm dabei noch aus der Hand gefressen. Ich wette übrigens, dass Jo Brauner nie berühmt werden wollte. Es ließ sich bei seinen Fähigkeiten einfach nicht vermeiden. Leute wie ihn kann man überall brauchen. Sogar beim Teleshopping!

Forelle Dieter

Vier Tage noch bis Weihnachten, in unserem Sender steppt der Bär im Kettenhemd. Offenbar will da draußen in der Welt jeder noch einen künstlichen Kamin oder eine Medion-Videokamera erwerben, damit es unter dem heimischen Tannenbaum auch angemessen festlich zugeht. Schon unter normalen Umständen ist es hektisch in einem TV-Kaufhaus wie dem unsrigen, aber kurz vor Weihnachten bricht der ungebremste Wahnsinn aus. Sondersendungen, Meetings, Double Features, kurz: keine Zeit für keinen. Da kommt niemand von uns auf die Idee, sich an so Kleinigkeiten wie regelmäßigem Essen aufzuhalten. Niemand? Falsch. Ein kleiner Kameramann leistet beharrlichen Widerstand: Dieter. Der unbeugsam Gemütliche an Kamera 2, der für die üppigen Detail-Shots zuständig ist. Er hat keine Lust, seinem Körper die notwendigen Kalorien zu verweigern. Und da kommt er auf eine verhängnisvolle Idee …

Aber bevor wir uns dem traurigen Schicksal von Dieter widmen, vorab ein paar Informationen über die Arbeitsweise bei einem Teleshopping-Sender. Die Gäste, die uns

stische Flecken. +++ Meine Frauen, seien Sie

als Präsentations- und Vertriebsplattform für ihre Produkte nutzen, sind für die Requisiten ihrer Show selbst verantwortlich. Das ist natürlich besonders wichtig für die Erzeugnisse von Pfannenhotte, den Sie ja schon an anderer Stelle kennengelernt haben. Es reicht einfach nicht, bloß eine Woll-Pfanne zu zeigen, sei sie noch so pfanntastisch. Selbst wenn sie viereckig ist und einen abnehmbaren Griff hat und man immer wieder drauf hinweist, dass sie 24 Fischstäbchen auf einmal knuspern kann. Erst, wenn man den Leuten *zeigt*, was man auf ihr so alles Feines anstellen kann, wird eine Bestellung draus.

Pfannenhotte ist kein Dummer, und so hat er sich im Laufe der Jahre ein paar Trickgerichte erarbeitet, die im Fernsehen besonders gut abgehen. Wir haben schon gelernt: Für den Fernsehzuschauer gilt der Spruch »Das Auge isst mit« nur zum Teil. Denn in Wahrheit ist es doch so, dass sein Auge in dieser kulinarischen Konstellation der *einzige* Kostverwerter ist. Den Rest erledigt seine Phantasie. Wie das, was Pfannenhotte uns vor der Kamera zeigt, *wirklich* schmeckt, wird der Mensch in Zwickau, Zwiesel oder Zorneding ja nie erfahren. Hauptsache, es sieht toll aus. Und toll, so haben es ihm seine Zuschauer bestätigt, wirkt vor allem die Forelle Müllerin, die Pfannenhotte inzwischen im Schlaf zubereiten könnte. Immer, wenn Hotte und ich die Forelle Müllerin in der Viereckpfanne brutzeln, laufen die Drähte heiß in unserem Callcenter. Wäre doch verrückt, auf so einen Hotseller zu verzichten!

Der Nachteil an der Forelle Müllerin aber liegt auf der Hand, jede gute Hausfrau kennt ihn. So eine Forelle ist nicht ganz preiswert, und es ist mit Lauferei verbun-

fraulich! +++ Sie brauchen auch keine Gebrauc

den, einen Laden zu finden, in dem sie immer schön frisch angeboten wird. Das ging auch unserem Freund Hotte zunehmend auf den Senkel. Zumal sich die Lust auf so eine feine Forelle Müllerin auch nach und nach verflüchtigt, wenn sie jeden zweiten Tag auf dem Speisezettel auftaucht. Also kam Hotte auf eine naheliegende Idee: »Mensch, wenn ich sowieso dreimal in der Woche im Sender bin, dann kauf ich doch nicht jedes Mal so eine sauteure Forelle. Ich friere den feinen Fisch nach der Sendung einfach ein und taue ihn rechtzeitig vor der nächsten Show wieder auf. Ist doch eh nur Requisite, da kommt kein Mensch, kein Tier zu Schaden.«

So weit der Plan.

Ein paar Monate ging das gut. Der praktische Dreiklang aus Auftauen, Vorzeigen, Einfrieren bewährte sich prima, Hottes Spesen reduzierten sich spürbar, und die elende Lauferei zum Fischhändler war auch Geschichte. Seine Forelle nannten wir im Sender bald nur noch Günther. Das bezog sich auf den geschätzten Kollegen Jauch, da wir vermuteten, dass nur er auf ähnlich viele Livesendungen kam wie unser cooler Fisch. (Ob sich Jauch auch hin und wieder in Tiefkühltruhen frisch hielt, war uns nicht bekannt, aber finden Sie nicht auch, dass er erstaunlich jung aussieht für sein Alter?).

Wir witzelten auch darüber, dass es sich bei Günther um eine buddhistische Forelle handeln müsse, so oft wie sie wiedergeboren wurde. Bei Hotte, mir und allen anderen, die an unserer Sendung in irgendeiner Form beteiligt waren, war Günther jedenfalls ein beliebtes Thema. Voller Respekt beobachteten wir, wie sich Günther auch nach der x-fachen Enteisung immer wieder frisch und fein präsentierte, als wäre er erst am Tag vorher aus dem Meer gezogen worden. Wir dachten nicht im Traum daran, dass Günther gefährlich sein könnte. Ich meine, niemand von uns wäre auf die Idee gekommen, Günther aufzuschneiden und Teile von ihm in den Mund zu stecken. Zum einen hatten wir ohnehin den Verdacht, dass er seinen perfekten Frischezustand seit Wochen nur noch vortäuschte, zum anderen handelte es sich schon fast um unser Haustier. Man isst doch nichts, dem man einen Namen gegeben hat?

Zwar wird uns von der Programmleitung immer wieder empfohlen, die zubereiteten Speisen vor der Kamera wenigstens zu kosten und dann ein herzerweichendes »*Mmmh lecker!!!*« rauszuhauen. Dann steigt nämlich in der Regel die Anruferkurve. (Sofern der Vorkoster nicht gleich ohnmächtig umkippt oder sich blitzspuckend und bröckelig von seinen Speisen trennt.) Aber in Günthers Fall sahen Hotte und ich davon ab, ihm im aufgetauten Stadium zu nahe zu kommen. Dafür hatte auch jeder Verständnis, der Günther in den letzten Monaten kennengelernt hatte. (Selbst wenn dann Hottes Standardwitz auf der Strecke bleiben musste. Er steckte sich in anderen Kochsendungen gern ein großes Stück Fleisch in den Mund und brabbelte: »Meine Omma hat immer gesagt, Junge, sprich nicht mit vollem Mund! Aber ich habe das jetzt zehn Jahre trainiert, ich kann das!«)

Sie ahnen vielleicht schon, was kommt. Oder wer. Richtig: Dieter, unser Kameramann. Warum auch immer, aber offenbar hatte der Mann bislang noch nie an der WOLL

nicht gemessen werden, der ist im Nullkommano

PFANNTASTISCH-Show mitgewirkt. Reiner Zufall. Mit den Ritualen unserer Fischvereisung war er nicht vertraut. Als er vier Tage vor Weihnachten an Kamera 2 eingeteilt wurde, sah Dieter in der Woll-Pfanne deshalb auch nicht etwa unseren Kumpel Günther brutzeln, sondern einen namenlosen und darüber hinaus sehr ansprechend aussehenden Fisch. Eine halbe Stunde lang lief Meeresfrüchtefreund Dieter das Wasser im Mund zusammen – ist ja auch fies, wenn man mit einem Loch im Bauch ständig Großaufnahmen von einer kulinarischen Köstlichkeit produzieren soll. Dann war die Sendung zu Ende, die Kantine weit und die Herren Hotte und ich kurz im Postproduktionsmeeting in der Senderegie verschwunden. Das war Dieters Chance. Er näherte sich ohne große Umschweife seinem Objekt der Begierde, wendete den nach wie vor völlig unverdächtig wirkenden Kühltruhenbewohner, beträufelte ihn genießerisch mit Zitrone, schnitt hinein und verleibte sich ein beachtliches Stück ein. Offenbar schien ihm Günther nach diesem ersten Biss schon nicht mehr so ganz geheuer zu sein, denn das zweite Stück, das er sich am anderen Ende unseres Haustieres absäbelte, war schon deutlich überschaubarer, wie wir hinterher rekonstruierten. Danach verließ Dieter offenbar völlig die Lust auf Günther, was er aber nicht dem Fisch zur Last zu legen schien, sondern wohl eher den vermeintlich überschaubaren Kochkünsten von Pfannenhotte. Jedenfalls verließ er den Set der Sendung ganz ohne weiteres Aufheben, um sich in einer anderen Halle wieder an seinem Arbeitsgerät einzufinden. Er war für das SCHMUCKKÄSTCHEN mit Marina eingeteilt, an Kamera 3.

as-Bereich. +++ Ein Schuss ins Becken, und zu

Als Hotte und ich von unserer Produktionsbesprechung zurückkehrten und unseren Arbeitsplatz aufräumen wollten, entdeckten wir das Malheur umgehend.

»Wer hat Günther ermordet?«, rief Hotte empört. »Welches Schwein tut denn so was?«

Wir waren knapp davor, Maria Furtwängler anzurufen, schließlich ermittelt die Frau im Hannover-TATORT. Doch nach ein paar Minuten mit Blödeleien dieser Art fiel selbst uns ein, dass dieser Zwischenfall womöglich nicht ganz so harmlos war, wie es auf den ersten Blick den Anschein hatte. Katzen und Hunde waren im Sender nicht erlaubt und konnten außerdem nicht gut mit Messer und Gabel umgehen. Sie schieden als Verdächtige aus. Also musste sich einer unserer Kollegen an Günther vergangen haben. Uns war auch ohne Medizinstudium klar: Das war keine gute Idee gewesen!

Wir berieten einen Moment, ob wir einfach abwarten sollten – es konnte eigentlich nicht lange dauern, bis sich das Opfer dieser tragischen Hungerattacke zwangsläufig outen würde. Doch das erschien uns ein wenig fahrlässig zu sein. Wir hatten ja keine Ahnung, wie schnell so eine Fischvergiftung behandelt werden muss. Wir informierten also Jessica in der Senderegie. Eine Minute später hatte jeder Mitarbeiter im Studio sie im Ohr: »Leute, wer immer von der Forelle Müllerin bei Pfannenhotte probiert hat, der soll mal kurz in die Regie kommen. Möglicherweise war die Forelle nicht mehr ganz taufrisch.«

Nicht mehr ganz taufrisch ist gut. Mit dem gleichen Understatement hätte man behaupten können, dass Jopi Heesters möglicherweise keinen Marathon mehr schaffen

Hause ist alles in Ordnung! +++ Dieser Camcorde

würde. Zwei Sekunden später meldete sich Dieter über Mikro.

»Kann mich mal ein Springer auf der 3 ablösen?«

Schon die Art, wie er das sagte, machte klar, welchen Nachsatz er sich nur für uns aufgespart hatte: »Ich glaube, mir geht's nicht gut.«

Wir schleppten eine Streckbank aus dem Sportstudio-Set in den Regieraum und legten unseren inzwischen wachsbleichen und schwitzenden Kameramann Dieter auf den Rücken, dann flößten wir ihm Unmengen Wasser ein. Er schaffte es so gerade noch, ausgiebig ins Studio zu reihern, bevor die Sanitäter mit Blaulicht anrückten. Das Letzte, was wir von Dieter sahen, war sein linker Arm, der willenlos neben der Trage baumelte.

Schon kurz vor Silvester durfte Dieter zurück zu seiner Familie nach Hause, Mitte Januar trat er dann im Sender seinen Job an der Kamera wieder an. Ihm zu Ehren warteten wir damit, die neue Forelle im Sender einzuweihen. Erst in seinem Beisein tauften wir unseren neuen Freund auf den Namen Dieter. Der echte Dieter fand das ganz lustig, auch wenn er seitdem kein Fischrestaurant mehr betreten hat, wie wir von seiner Frau erfuhren. Hin und wieder rufen ihm die Kollegen zu, dass er nicht wieder an den Requisiten naschen soll. Dann grinst Dieter nur und steckt sich mit großer Geste einen Finger in den Hals. Im Sender ist diese Pose inzwischen als »Mach mir den Günther!« bekannt. (Lieber Günther Jauch, wenn du das hier lesen solltest: Das ist nix Persönliches. Es hätte auch den Thommy treffen können.)

Aiwa macht Musik

Honest, Rälfie, irgendwie musst du das mit *more heart* singen, *more heart*, verstehst du?«

Nicht direkt. Wie auch. Die Zeile »Alle sind schon so gut drauf, Mann, hier geht ja mächtig was ab« verlangte meines Erachtens nicht nach mehr Sentiment. Die verlangte nach einem neuen Texter. Oder einem Schimpansen als Interpret. Das wäre wohl die einzige Möglichkeit, diesen Scheiß in die Nähe einer Hitparade zu bringen.

»Come on, Rälfie, schtweng dich an, das wird geil, totally *geil!*«

Mark ist angeblich Musikproduzent. Muttersprache: Kingston-Englisch. Haare: Dreadlocks. Sonnenbrille: riesig. Äuglein darunter: winzig. Farbe: rot. Fragen: keine weiteren.

»Komm, we probieren die geile Scheiße gleich again!«

Ob er selber daran glaubte? Ich schätze, nein: Mark hörte sich für mich an wie ein guter Teleshopping-Verkäufer. Bestens gelaunt den größten Blödsinn zu erzählen, das ist schließlich auch meine Domäne. Damit kenne ich mich aus. Vermutlich war die verzweifelt gute Stimmung

das, was uns vom Radio unterscheidet. +++ Dies

Marks einfach nur ein Ausdruck seiner Produzentenehre. Er hatte sich das schließlich auch nicht ausgesucht. Niemand von uns beiden wollte an diesem Samstagnachmittag in einem Studio in Köln-Bocklemünd wirklich einen Song aufnehmen, dessen bester Satz »Aiwa macht Musik« lautet. (Der beste einfach deshalb, weil es der *letzte* Satz des Textes war.)

Ich weiß nicht, mit welchen Typen sich Mark normalerweise beruflich herumschlägt. Ich hoffe für ihn, dass es keine Männer wie ich sind, die im Prinzip nicht mal unter der Dusche singen sollten. Es hört sich einfach nicht gut an. Und meine Stimme wird auch nicht besser, wenn ich in einem abgedunkelten Studio vor einer Glaswand stehe und in ein Hightech-Mikro brumme. Damit war auch Mark überfordert. Was machte ich also in Bocklemünd, an einem sonnigen Samstagnachmittag im Juni? Darauf gibt es einige Antworten. Die Kurzfassung: Einmal große Klappe, immer große Klappe.

Die *lange* Version verlangt allerdings nach einem kleinen Umweg. Sie erinnern sich vielleicht noch an die japanische Firma Aiwa, die sich seit den fünfziger Jahren auf Multimediageräte spezialisiert hatte. Aiwa war Kunde beim RTL Shop, als ich dort Musikanlagen präsentierte.

Um Musikanlagen vor der Kamera anzupreisen, hilft es bekanntlich, wenn man hin und wieder vorführt, wie so ein Kasten klingt. Design ist schließlich nicht alles. Da man auch schon in der Pionierzeit des Teleshoppings nichts dem Zufall überlassen wollte, hatte der verantwortliche Produktmanager von Aiwa eine CD mit einer bestimmten Musik vorbereitet. Sie war schrecklich. Er war wohl der Ansicht, dass man das Klangvolumen seiner Produkte am besten mit etwas lautem Kirmespop im Stile von Scooter oder DJ Bobo an den Mann brachte. Jedes Mal, wenn ich den Play-Knopf der Aiwa-Geräte drückte, grölte es *Hyper Hyper*-mäßig aus den Boxen. Uns flogen die Ohren weg. Leise konnte man das Zeug nicht versenden, dann hörte es sich an wie das Rauschen eines Mittelwelleradios. Erst ab Zimmerlautstärke aufwärts erhielt der TV-Zuschauer überhaupt eine Ahnung von der Wummer-Power, die von den japanischen Anlagen ausging. Selbst mein Aiwa-Gast Yuki (ein gebürtiger Düsseldorfer, der in seinem ganzen Leben erst zweimal in Japan gewesen war) fürchtete insgeheim die Momente, wenn wir uns mal wieder mit Plastikpop einnebeln und die CD laufen lassen mussten. Dreimal in der Sendung musste sein, und das war das absolute Minimum.

Der Treppenwitz dabei: Solange wir die Aiwa-Innovationen nur zeigten und davon schwärmten, welche Klangrevolution den bundesdeutschen Wohnzimmern gerade bevorstand, verkauften sich die Geräte der Japaner prima. Erst, wenn zum Beweis dann die Musik-CD eingesetzt wurde, stoppte die Anruferflut im RTL Shop wie auf Kommando. Vermutlich hatte das nichts damit zu tun, dass alle meine Fans vor dem Fernseher plötzlich den Drang verspürt hätten, eine flotte Sohle aufs Parkett zu legen. Ich schätze, es war nacktes Entsetzen. Wir hatten nach den musikalischen Kostproben der Aiwa-Produktmanager immer ordentlich damit zu tun, die Leute wieder ans Telefon zu locken. Aiwa-Shows waren harte Arbeit in dieser Zeit. Mehr als einmal versuchten wir, den Aiwa-Leuten zu erklären, dass es kontraproduktiv sei, ihre Geräte im praktischen Einsatz vorzuführen. Vergeblich. Keine Chance. Wir mussten weiter den Play-Knopf betätigen und damit die Leitungen im Callcenter frei blasen. Normalerweise fürchtet der Kunde das wie der Teufel das Weihwasser. Verrückt. Nicht mal die Musik ändern wollten die japanischen Sturköpfe, obwohl wir ihnen von BAP bis Bowie jeden erdenklichen Vorschlag unterbreiteten. Uns wäre sogar Volksmusik recht gewesen, alles. Aber keine Chance. Es blieb bei hirnlosem Stadionpop. Und es blieb bei der voll aufgedrehten Anlage. Offenbar waren sie bei Aiwa tatsächlich stolz auf ihr prima Produkt.

Eines Tages, nach der zweiten Stunde und der fünften Einblendung des firmeneigenen Soundtracks, hielt ich es einfach nicht mehr aus. Bevor mein Trommelfell aus Protest gegen diese akustische Umweltverschmutzung platzte oder einen pfiffigen Tinnitus zu Hilfe rief, trat ich lieber die Flucht nach vorne an: Ich stand auf, tanzte wie ein kleiner batteriebetriebener Roboter um den Aiwa herum und sang: »Aiwa macht Musik. Aiwa macht Musik.« Nicht genug damit: Ich sprang auf unser Sofa aus dem Studioset wie ein angetüterter Teenager und hüpfte dort auf und ab – singend. Das war nicht geplant. Wir hatten vorher im Pre-Production Meeting natürlich nicht darüber gesprochen – da hatte ich noch nicht *gewusst,* dass so viel Wahnsinn in mir schlummerte. Ich schätze, es war einfach Notwehr. Ich konnte den Kirmespop einfach nicht mehr hören. Also

abe früher gebatikt, da sah ich aus als, ob ich

übertönte ich ihn zum Entsetzen meines Aiwa-Gastes und meiner Leute in der Senderegie mit meinem eigenen Sprechgesang. Leider gibt es keine Videoaufzeichnung meiner allerersten Performance als Aiwa-Sänger, aber ich bin sicher, dass ich ziemlich tragisch ausgesehen haben muss. Ich hielt den stupiden »Aiwa macht Musik«-Tanz die ganzen dreißig Sekunden durch, die für die Musik eingeplant waren. Yuki machte einen sehr erleichterten Eindruck, als die Zeit abgelaufen war und wir mit unserer normalen Show weitermachen konnten. Komisch, mein Knopf im Ohr hatte sich gar nicht gemeldet. Offenbar stand mein Producer unter Schock. Insgeheim rechnete ich damit, im Anschluss an die Sendung schön rundgemacht zu werden. Das war mir egal. Manchmal muss man sich die Welt eben so machen, widdewidde wie sie uns gefällt.

(Lustig übrigens, dass dieser Auftritt auch bei anderen Sendern nicht unbemerkt blieb. In Sachen Wahnsinn schien ich in diesen Tagen deutschlandweit die Nase vorn zu haben. Guido Cantz – seinerzeit schon bei RTL 2 mit einer Sendung vertreten – lud mich zum Beispiel in seine Show ein.)

Aber zurück zu meiner ersten Sendung. Wenn ich befürchtet hatte, dass ich Ärger bekommen würde, sollte ich mich irren. Nach der Sendung spendierte das gesamte Team inklusive der Kameramänner höllisch lauten Beifall. Über die Studiolautsprecher meldete sich Jost, unser Produktmanager: »Kühler, dir ist schon klar, dass du für so einen Scheiß rausfliegen kannst?«

Ich nickte in die Kamera und zuckte grinsend mit den

gebatikt hätte. +++ Als Nachtisch ... Schmousse a

Schultern. »Überkam mich plötzlich. Vielleicht hätte ich früher doch zum Knabenchor gehen sollen.«

»Du hast Glück, dass unsere Kunden offenbar alle taub sind«, fuhr Jost fort. »Das scheint denen nämlich gefallen zu haben. Du hast noch nie so viele Aiwas verkauft wie heute!«

Noch mal lauter Applaus im Studio. Ich war baff. Ich meine, ich bin ein Mensch mit einer optimistischen Grundeinstellung, aber dass dieser kuriose Mix aus Tanz- und Gesangseinlage irgendwem gefallen haben konnte, lag sogar weit jenseits *meines* Vorstellungsvermögens. Auch Yuki schaute verblüfft. Als er dann die Zahlen auf den Tisch bekam, kratzte er sich am Kopf. Dann nahm er mich zur Seite und fragte: »Glaubst du, dass du das noch mal machen kannst?«

Das war eine Überraschung. »Singen?«

Er schaute mich vergnügt an. »Singen? Na ja. Sagen wir *Show* dazu, okay?« Mein kleiner Pseudojapaner schüttelte lächelnd den Kopf und lieferte – ob unfreiwillig oder nicht, wer weiß das schon – das Bonmot des Tages: »In unserem Geschäft heiligt eben der Dreck die Mittel.«

Und so kam es, dass ich bei der folgenden Aiwa-Sendung wieder wie ein bekifftes Häschen um den Moderatorentisch hüpfte und »Aiwa macht Musik« schmetterte. Mit dem gleichen Ergebnis wie beim ersten Mal übrigens. Das Anruferloch während der Musikbeschallung wurde dauerhaft gestopft, dem durchschnittlichen RTL-Shop-Besucher schien meine Performance zu gefallen. Das honorierte er mit gleichbleibend hohen Verkaufszahlen. Wieder mal ein Beweis für meine These, dass von uns

Teleshopping-Helden nicht allein das Produkt verkauft wird, sondern der Spaß, den es verspricht. In den kommenden Wochen hüpfte, kreiselte, stampfte und tänzelte ich je nach Lust und Laune um die Aiwa-Anlagen und sang meinen Einzeiler. Aiwa lief im RTL Shop plötzlich wie geschnitten Brot.

Auch dem Headquarter von Aiwa blieb unsere experimentelle Form des Verkaufes nicht verborgen. Ich fürchtete schon, dass der japanische Konzern sich bei uns beschweren wollte, als sich einige wichtige Herren kurzfristig in Köln ansagten und um eine Unterredung mit mir baten. Japaner sind unberechenbar, da waren auch prima Zahlen nicht in jedem Fall ein Argument. Aber weit gefehlt. Sie wollten noch mehr Musik von mir! Ob ich mir vorstellen könnte, eine CD aufzunehmen. Eine Single nur, aber professionell produziert: »Aiwa macht Musik« sollte der Refrain lauten, ein Komponist und Texter würde den Rest besorgen. Das angebotene Honorar konnte sich sehen lassen, die Produktionskosten übernahm selbstredend Aiwa. Es war keine schwere Entscheidung: Was hätte mich davon abhalten sollen, unter die Sänger zu gehen? (Spurenelemente von Würde, Respekt vor der Musik?)

So kam es, dass ich an diesem Samstag in Köln-Bocklemünd zum Albtraum eines Jamaikaners avancierte, der vorher noch nie von den Freuden des Teleshoppings gehört hatte. Es dauerte geschlagene sechs Stunden, bis ich den Song viermal eingesungen hatte und Mark sich daranmachen konnte, die weniger misslungenen Pas-

+++ Sechs Premieren hatten wir schon, aber w

sagen aneinanderzukleben. Vier Minuten und fünfundzwanzig Sekunden reines Grauen. Achten Sie bitte auf den Text, und stellen Sie sich vor, dass die Musik dazu genauso grausig klingt. Vermutlich bin ich sogar *noch* schlechter als singende Fußballer wie Franz Beckenbauer oder die Kremers-Zwillinge, die auf dem Höhepunkt ihrer Laufbahn Vinylsingles veröffentlichten, die Titel wie GUTE FREUNDE KANN NIEMAND TRENNEN oder DAS MÄDCHEN MEINER TRÄUME trugen. Mein Beitrag zur deutschen Schlagergeschichte war eben AIWA MACHT MUSIK und wurde fortan im RTL Shop und auf Messen gespielt, an denen Aiwa teilnahm. Manchmal ist mir das peinlich, wenn ich den Text lese und die Musik dazu höre. Meistens nicht. Ich bin eine Rampensau. Da gehört so eine eigene Platte doch dazu. Und wenn sie dann auch noch so grandios klingt und getextet ist wie meine, was soll ich mich da beschweren ...

Aiwa macht Musik

Irgendwie lief heut alles verkehrt
So 'n typischer Montag – total aus der Bahn
Die Karre verreckt – der Big Boss verstört
Das fing schon morgens so an

Jetzt nix wie weg und alles wird gut
Zurück ins Leben, das jeder nur so staunt
Mit gutem Gefühl und Rhythmus im Blut
Und einem irren Sound

Aiwa macht Musik Aiwa
Aiwa das ist unser Ding Aiwa
Aiwa macht Musik Aiwa
Und wir beide sind mittendrin
Aiwa macht Musik

Alle sind schon so verdammt gut drauf
Mann, hier geht ja mächtig was ab
Da kommt endlich wieder Freude auf
Und das nicht mal so knapp

Rein ins Getümmel und alles wird gut
Zurück ins Leben, das jeder nur so staunt
Mit gutem Gefühl und Rhythmus im Blut
Und einem irren Sound

Aiwa macht Musik Aiwa
Aiwa das ist unser Ding Aiwa
Aiwa macht Musik Aiwa
Und wir beide sind mittendrin
Aiwa macht Musik

(Instrumental)

Was mein Körper mitmacht, begreif ich noch kaum

Jede Bewegung ist ein super Hit
Genau dieser Rhythmus. Das ist ein Traum
Das reißt mich total mit

zwei. +++ Hier putzt der Schmutz die Scheibe. +

Aiwa macht Musik Aiwa
Aiwa das ist unser Ding Aiwa
Aiwa macht Musik Aiwa
Und wir beide sind mittendrin
Aiwa macht Musik

PS: Wenn meine Kinder mich ärgern wollen, legen sie diese CD in unsere Anlage ein (kein Aiwa!) und schlagen sich beim Mitsingen auf die Schenkel vor Vergnügen. Ich bin nicht sicher, was ihnen mehr gefällt: die subtilen Texte des Songs oder der jaulige Gesang ihres Erzeugers. Vermutlich werden wir das auch noch in zehn Jahren gemeinsam unterm Weihnachtsbaum singen. Nicht jede Familie hat so schöne Traditionen.

Aiwa hat diese Werbemaßnahme allerdings auf lange Sicht nicht allzu viel gebracht. Seit 2006 ist die Marke aus dem Welthandel verschwunden. Ich denke nicht, dass *ich* dafür zur Verantwortung gezogen werden kann. Im Sender wurde AIWA MACHT MUSIK hin und wieder gespielt, bis wir uns eines Tages gänzlich von der Musik in den Aiwa-Shows verabschiedeten. Ein paar Jahre lagerten ein paar hundert Aiwa-Alben in meinem Keller – all jene, die ich auf meinen Messen nicht losgeworden war. Vor vier Jahren schließlich fiel mir ein, wie ich den Höhepunkt meiner musikalischen Karriere diskret unter die Leute bringen konnte, ohne den Sondermüll dafür zu missbrauchen. Ich war als Sitzungspräsident der Prinzengarde Leverkusen berechtigt, beim Rosenmontagszug auf einem der großen Mottowagen mitzufahren. Statt der üblichen Kamellen und Schokolädchen erfreute ich die Rheinländer mit Selbstgesungenem. An meinen schelmischen Tagen stelle ich mir vor, wie so ein braver Leverkusener meine CD in seinen Recorder legt, die ersten Takte hört, die munteren Textzeilen auf sich wirken lässt und sich dann stirnrunzelnd fragt: »Watt is datt denn?«

Tja, das ist ja grad das Schöne – keiner weiß das so ganz genau.

lassen. +++ Das Schwänzchen darf ruhig auch seh

Der Geist, der aus der Flasche kam

Ich muss zugeben, dass ich gern mit Roberto Totti zusammenarbeite. Das Beste daran ist, dass ich den Mann noch nie persönlich getroffen habe: Er lässt mir freie Hand beim Verkauf seiner vielfältigen Produkte. Dabei ist dieser Kerl wahnsinnig kreativ! Was ich unter seiner Flagge schon alles verkauft habe. Blazer mit Ziersteppung, Bikerjacken mit Glanzsteinen, Schultertaschen mit Nieten – das läuft alles überragend gut bei uns. Ich weiß noch, wie ich einmal in einer einzigen Sendung über 180 Babydollkleider mit Rollkragen von Roberto Totti verkaufte, für 49,99 Euro das Stück. Farblich gewagt, eng anliegende Passform – wie gern hätte ich mal eines seiner italienischen Edelmodels darin gesehen! Totti hat sogar Edeljeans im Angebot oder Uhren und Schmuck: Einen edlen Chronographen in Gold aus dem Hause Totti gibt's manchmal schon für wenig mehr als hundert Euro. Sensationell preiswert, wenn man bedenkt, was der Herr inzwischen für einen klangvollen Namen führt. Respekt!

Nachdem ich ein paar Monate lang Roberto Tottis Produkte hatte verkaufen dürfen, fragte ich mich irgendwann, warum ich diesen Mann noch nie gesehen hatte.

.ein sein. +++ Warzen sind Viren! +++ Es ist

Dass ich ihn bis dato nicht persönlich zu Gesicht bekommen hatte – gut, okay. Italienische Designer haben es nicht nötig, in Düsseldorf und Hannover in großen Lagerhallen aufzutauchen, um dort beim Millionenspiel Teleshopping mitzumischen. Sie schneidern in Rom, Mailand oder Turin ihre Roben und kreieren Accessoires, führen skandinavische Models aus und rote Ferraris spazieren. Während unsereiner im Sommer maximal in die Toskana reist, flüchtet so ein italienischer Edelzwirn-Gladiator vor dem Plebs nach Los Angeles oder Rio de Janeiro und erholt sich vom Stress der vergangenen Modesaison.

Warum ich allerdings noch nicht einmal irgendetwas über ihn in einem Modemagazin gelesen hatte – das war komisch. War der so bescheiden, brauchte der keine PR? Nach dieser Sendung wollte ich es genauer wissen. Ich ließ mir aus der Regie die vollständigen Produktmappen von Roberto Totti kommen. Als Erstes fiel mir auf, dass auch hier kein einziges Foto des Meisters enthalten war. Merkwürdig. In diesem Jahrmarkt der Eitelkeiten ...

Ich verlor das Thema ein wenig aus den Augen, bis ich wieder für eine Roberto-Totti-Show eingesetzt wurde. Ich witzelte mich routiniert durch die Sendung, es lief auch ganz prima. Vor allem ein Jacquard-Mantel mit Zebramotiv für knapp 120 Euro hatte es den Leuten angetan. Mitten in der Sendung meldete sich plötzlich meine Producerin Jessica über den Stecker in meinem Ohr:

»Du hast eine Anruferin in der Leitung, die will was über den Designer wissen!«

Um Gottes willen, wer will das nicht? Ich riss die Augen auf und wackelte unmerklich mit dem Kopf. Ein Zuschauer

muschikalt. +++ Die Rose ist die Mutter all

am Telefon würde das nicht mitbekommen, aber die Profis im Studio erkennen sofort, wenn einer ihrer Moderatoren kurz vor einer Panikattacke steht.

»Irgendwas nicht in Ordnung, Ralf?«, erkundigte sich Jessica auch sofort, und da ich noch mal die Augen aufriss, als ob mich Mike Tyson gerade an den Eiern packen würde, verstand sie meinen Wink richtig und wimmelte die Dame am Telefon ab, bevor diese mich live zum Stammel-Affen machen konnte.

Nach der Sendung führte mein erster Weg in die Senderegie zu Jessica.

»Leute, das könnt ihr nicht machen. Wenn ihr schon erwartet, dass ich hier live on air Weisheiten über einen Designer zum Besten gebe, dann solltet ihr mir wenigstens ein Dossier über den Kerl an die Hand geben. Bislang weiß ich gerade mal, wie der Typ richtig geschrieben wird. Hoffe ich jedenfalls.«

Jessica versprach, sich um die Sache zu kümmern. War ja im allgemeinen Interesse, schließlich wollen wir bei Channel21 Zuschauernähe vermitteln. Da hilft es sehr, wenn man neugierige TV-Zuschauer mal live auf Sendung nimmt.

Ein paar Wochen dauerte es, da drückte mir Jessica ein paar Zettel in die Hand. Schon auf den ersten Blick sah ich: Noch immer kein Foto von Roberto Totti. Stattdessen bloß ein paar dürre, geheimnisvolle Sätze darüber, dass der italienische Designer wohl irgendwo im Friaul leben soll und ansonsten weiterhin gern zurückgezogen und inkognito arbeiten wolle. Ich war ratlos und startete einen kleinen Rundruf unter den Kollegen. Wusste irgendjemand mehr? Niemand. Nada.

Dass ich in den Reihen der Belegschaft recherchierte, sprach sich offenbar bis zur Geschäftsleitung durch. Ich möge damit aufhören, wurde mir freundlich, aber bestimmt mitgeteilt: Die prima Zusammenarbeit mit dem Hause Totti wolle ich doch nicht gefährden, oder? Immerhin erhielt ich einen Waschzettel mit ausführlichen Produktinformationen, angeblich direkt aus dem Hause Totti. Wenn ich Ihnen das Œuvre von Herrn Totti also einmal vorstellen darf, so wie es unser Sender verkauft:

Die Mode ist schnelllebig, und doch gibt es Marken, die Trends aufgreifen und gleichzeitig zeitlose und elegante Kollektionen hervorbringen. Zu den Designern, die das können, gehört auch Roberto Totti mit seiner Modelinie Moda fenomenale, die es in ganz Europa nur bei Channel21 gibt. Egal, ob Sie sich für eine 5-Pocket-Jeans entscheiden oder für eine Kurzjacke im Stil der futuristischen Mode aus den 60er Jahren, mit einem Stück des Labels Roberto Totti Moda fenomenale haben Sie ein Stück individuellen Lifestyle in Ihrem Schrank, dessen kosmopolitische Designsprache auch in vielen Jahren noch verstanden wird. Die Besonderheit der Kollektion liegt darin, seinen persönlichen Stil aus Trends und Klassikern selbst zu definieren. Die feminine Kollektion überzeugt durch romantische Details wie Rüschen, Fältchen, Kräusel und Biesen. In Roberto Tottis Mode-Atelier in Italien werden Trends für Sie tragbar gemacht.

Tottis Mode-Atelier in Italien hätte ich gern einmal gesehen. Selbst in Sachen Schmuck schien unser Roberto

Totti ein ganz Großer zu sein. Ein General-Kreativer sozusagen. Offiziell darf ich Ihnen Folgendes mitteilen:

Sie lieben ausgefallenen Schmuck? Sie pflegen einen unverwechselbaren Stil? Sie sind trendbewusst? Dann gibt es exklusiv bei Channel21 für Sie die Schmuckkollektion Roberto Totti – Extravaganter Schmuck. Wie auch bei seinen Mode- und Accessoires-Labels steht Roberto Totti für eine außergewöhnliche Designsprache, kombiniert mit der perfekten Verarbeitung einzigartiger Materialien. Auf allen Schmuckstücken glänzen Zirkoniasteine, die besten verfügbaren Diamantimitate schlechthin. Ergänzt wird das Funkeln durch farbige Emaille und 925er Silber, teilweise rhodiniert oder verschiedenfarbig vergoldet, immer von Hand gearbeitet. Tottis Credo »Passion zur Perfektion« wird hier Realität. Der Kosmopolit Roberto Totti hat mit seinen Entwürfen immer alle Frauen im Blick. Einzig gemeinsames Merkmal: Sie suchen die perfekte Ergänzung zu klassischer, festlicher und eleganter Mode. Damit jede bei Channel21 in der Rubrik Extravaganter Schmuck von Roberto Totti fündig wird, bietet der Trendkünstler verschiedene Stilrichtungen an. Gleichzeitig gibt es zu jedem Ring, zu jedem Ohrhänger auch ein gut zu kombinierendes Collier, so dass der komplette Schmuck zueinander- und vor allen Dingen zur Trägerin passt – Passion for Fashion *eben!*

Halleluja.

Ich war jetzt inzwischen sicher, dass mit Roberto Totti irgendetwas faul sein musste. Entweder der Mann war ein Mitglied der Mafia und hatte ein vitales Interesse daran, öffentlich nicht in Erscheinung zu treten. Oder er sah aus wie eine Mischung aus Phil Collins und Bernd dem Brot und wollte die Strahlkraft seiner Produkte nicht mit dem Spiegelbild ihres Schöpfers entzaubern. Lange Zeit konnte ich mir eine dritte Möglichkeit nicht vorstellen – da sehen Sie wieder mal, wie limitiert meine Phantasie ist. Ich präsentiere Ihnen jetzt nämlich noch eine dritte Möglichkeit. Diese These ist nicht von mir, sondern von einem, sagen wir: einflussreichen Freund des Hauses, der freien Einblick in die Chefetagen des Senders genießt. Nennen wir ihn einfach Mr. X, denn er reklamiert natürlich Quellenschutz für sich, auch wenn er mir seine zielführenden Hinweise in leicht alkoholisiertem Zustand auf einer Feier des Senders zuflüsterte, buchstäblich.

Ich darf zusammenfassen: Es gibt gar keinen Modedesigner mit dem Namen Roberto Totti. Es gibt nur Produkte, die mit diesem Label ausgezeichnet werden. Den Namen hat sich der Sender ausgedacht und lässt all die Produkte, die Roberto Totti angeblich designt, entweder selbst herstellen oder kauft sie auf diversen Märkten auf. Der Sender brauchte einfach noch ein wohlklingendes Label für einige seiner tragbaren No-Name-Produkte. Den Namen »Roberto Totti« hätten sich die beiden Produktmanager, die mit dem Job betraut worden waren, dann einfach mal so nebenbei ausgedacht, im Anschluss an einen feuchtfröhlichen Abend mit diversen Spirituosen. Übrigens sollen die beiden nette Vornamen gehabt haben: Robert und Thorsten. Vielleicht werden Sie ja von Ihren Freunden Roberto & Totti genannt, man weiß es nicht.

Und wenn Sie jetzt glauben, das sei eine erfundene Ge-

jeder gewerbetreibende Betrieb. +++ Das ist

schichte, dann habe ich vollstes Verständnis für Sie. Ich hätte das auch nicht geglaubt. Und ich wäre immer noch gern bereit, vor Ihnen auf die Knie zu fallen und Abbitte zu leisten, wenn Sie mir beweisen, dass ich Unrecht habe. Wenn Sie einen Roberto Totti ausfindig machen, der irgendwo in Italien, vielleicht sogar im Friaul, Mode und allerlei andere hübsche Waren des täglichen Gebrauchs designt. Viel Spaß bei der Recherche.

rinzip das ähnliche Prinzip. +++ Ach, du hast

Und am Ende sind wir alle rot!

Erinnern Sie sich noch an die glorreichen Tage, als halb Deutschland am Sonntag rot geflaggt hatte? Nein, nicht im Dritten Reich! Ich rede von dem ganz modernen Deutschland knapp nach der Jahrtausendwende. Der großen Schumacher-Zeit. Der Ära des Kerpener Kart-Fahrers, in der er bis zu seinem (vorübergehenden) Rücktritt als Formel-1-Rennfahrer sieben WM-Titel einheimste. Was waren das Zeiten! Da rührte der aktuelle Formel-1-Weltmeister Sebastian Vettel noch in seiner ersten Cola. Inzwischen fährt der Micha aus Kerpen nur noch hinterher, er ist ja auch vom schnellen Ferrari in einen gemütlichen Mercedes umgestiegen. Muss mit dem Alter zu tun haben, denn Schumacher zählt jetzt auch schon deutlich über vierzig Jahre. Egal – ich mag den Mann. Und ich werde ihn immer mögen. Das hat aber nur am Rande damit zu tun, dass ich seine Leistungen schätze oder so ein großer Autofanatiker bin. (Was allerdings stimmt: Über eine leere Straße zu brausen, war für mich immer schon wie Ostern und Weihnachten zugleich. Ich bin sogar einmal bei einem Rennen mitgefahren. Nichts Weltbewegendes, aber immerhin. Als Gast im Werksauto von Ford.

aber ’nen Druck drauf, du! +++ Sie schreite

Okay, ich hockte in einem Fiesta ST, das klingt nicht so glamourös. Aber trotzdem war das eine geile Fahrt – mir flattern immer noch die Ohren, wenn ich an den Speed denke, den dieser kleine Flitzer draufhatte. Natürlich haben die Jungs von Ford mich nicht nur in den Wagen gelassen, weil ich so eine windschnittige Figur habe. Ich musste den Herren einen feinen Deal anbieten: Ich darf das Rennen im Rennauto mitfahren, im Gegenzug dazu dürfen sie ihre Karosse bei mir in einer Sendung platzieren. Schleichwerbung? I wo! Wir reden hier doch über einen Teleshopping-Sender, da ist Reklame quasi das Geschäftsmodell. Wenn schon, dann ist das *Sprintwerbung*, die ich da mit dem Ford gemacht habe. Übrigens im Rahmen einer Show für Top-Car-Autopolitur – an einem Testgerät muss ich das Produkt ja schließlich ausprobieren.)

Aber zurück zu Michael Schumacher und seinen großen Tagen. Um die Jahrtausendwende erzielte RTL Traumquoten mit den Formel-1-Übertragungen aus Monza, Monaco oder vom Nürburgring. Man konnte den Eindruck gewinnen, dass halb Deutschland am Sonntagnachmittag vor dem Fernseher saß und bei geöffnetem Fenster Formel-1-Boliden auf die Dorfstraße brummen ließ. Das waren auch die großen Tage von Boxen-Hofberichterstatter Kai Ebel, dessen sympathisch-bunter Ausstrahlung sich in diesen Tagen niemand entziehen konnte. Die Quoten von RTL waren immer gigantisch bei diesen Grands Prix, fast so wie beim chinesischen Staatsfernsehen.

Das freute Hans Mahr natürlich, den damaligen Chefredakteur des Senders, ließ den umtriebigen Mann andererseits aber auch nicht ruhen: Wie könnte man die Strahl-

egelrecht über unseren Laufsteg! +++ Das hier

kraft der Formel 1 besser vermarkten, welche Möglichkeit gab es, die Quote noch ein wenig zu steigern? Schließlich kam er auf das naheliegende Konzept. Damals lief gerade die Pionierphase in Sachen Merchandising im deutschen Fernsehen, und die Verknüpfung von Merchandising-Produkten mit den eigenen (teuren) Senderechten bot findigen Köpfen natürlich viel Spielraum für kreative Sendeformate. Und wozu unterhielt RTL denn auch noch einen eigenen Teleshopping-Kanal? Im Umfeld der Formel-1-Berichterstattung müssten sich doch da eigentlich schöne Abverkäufe erzielen lassen, mutmaßten die RTL-Granden. Also suchte sich Mahr ein ordentliches Team zusammen und räumte einen Sendeplatz für ein Teleshopping-Format frei, natürlich stets pünktlich vor der offiziellen Berichterstattung des Rennens.

Unsere Dauerwerbesendung zur besten Sendezeit wurde ganz pfiffig BOXENSHOP genannt und mit meinem Kollegen Alex und mir als Moderatoren besetzt. Wir hatten den Auftrag, hauptsächlich Produkte der Schumacher-Brüder an den Mann zu bringen. Eine klare Vorgabe wurde uns damals auch gemacht, schließlich hatte hier keiner Geld zu verschenken: Die Vermarktungsfirma der Brüder Michael und Ralf Schumacher, die natürlich in so einem Deal auch mit drinsteckte, und mein Heimatsender RTL hofften auf Rekordeinschaltquoten von bis zu vier Millionen Zuschauern. Man braucht nicht viel Phantasie, um sich vorzustellen, was vier Millionen Zuschauer mit der Bestellhotline eines Teleshopping-Formats anstellen können, wenn sie in Kauflaune sind. *Vier Millionen!* Das wäre ein neuer Rekord im TV-Shopping! Ob wir die wirklich schaffen konnten? Es war keine kleine Hypothek, die man uns da auf den Rücken schnallte. Doch das Risiko, mit der Show baden zu gehen, sah ich damals gar nicht. Für mich als Autonarr war der BOXENSHOP vom ersten Moment an eine Riesensache. Ich war so aufgeregt und fröhlich, als ob ich mich selbst in einen Formel-1-Kübel setzen und in Bestzeit über die Strecke düsen müsste.

Im Vorfeld der Sendung haben mein Kumpel Alex und ich natürlich lange darüber nachgedacht, wie wir dem BOXENSHOP eine ganz eigene Note verleihen konnten. Wir waren uns einig: Eine normale Verkaufsshow wollten wir keinesfalls abliefern. Wenn uns schon mal vier Millionen Menschen zusahen, dann sollten die sich hinterher auch an uns erinnern. (Und nicht nur, weil wir in unseren roten Mützen wie zwei Hanswürste aussahen.)

Also entwickelten wir zwei überdrehte Charaktere, in die wir während der Show schlüpfen wollten. Jeder von uns tat das, was er vermeintlich am besten draufhatte. Ich frage mich da natürlich heute, warum ich der Schreihals war und Alex der Bescheidwisser sein durfte – entweder hatte ich damals im entscheidenden Moment nicht aufgepasst, oder es war eine Menge Ironie im Spiel. Suchen Sie sich was aus.

Fakt ist: Wir beide gingen in der halben Stunde, die der Sendung BOXENSHOP bis zum regulären Warm-up des Formel-1-Rennens blieb, ab wie die Zäpfchen. Dabei hatten wir nicht unbedingt die überraschendsten Produkte der Welt im Angebot. Wir verkauften rote T-Shirts, rote Käppis, rote Overalls, Fotos mit den Schumacher-Brüdern in Rot, wir verkauften rote Flaggen und rote Decken. Wir hätten vermutlich auch rote Müllkübel an den Mann bringen können, wenn sich das gelohnt hätte. Aus heutiger Sicht klingt das schon fast wieder wie VÄTER DER KLAMOTTE, dabei liegen die rosaroten Schumacherzeiten nicht mal zehn Jahre zurück.

Kein Vergleich mit heute, obwohl *wir* doch schon wieder einen echten Weltmeister in den schwarz-rot-goldenen Reihen haben. Wer würde denn schon ein Sebastian-Vettel-T-Shirt kaufen oder eine Puppe, die »Brumm« sagen kann und aufgeregt schreit: »Jetzt schnell in die Box zum Reifenwechsel!« (Okay, so was gab's damals im BOXENSHOP auch nicht, aber wir hätten selbst so ein aberwitziges Produkt verhökern können.)

Mein heimliches Lieblingsprodukt war in dieser Zeit ein Modellauto des Schumi-Ferraris auf einer veredelten Holzplatte. Darauf hatte man eine schlichte Glaskuppel geschraubt. (Das Ding sah aus wie eine zweckentfremdete Käseglocke.) Für jeden Rennsieg, den Schumi in der Saison einfuhr, sollte eine Plakette auf die Kuppel geklebt werden. Auf die Holzplatte hatte man noch liebevoll einen Soundchip geklebt, der die Motorengeräusche des Ferraris sehr laut und sehr schlecht imitieren konnte. Alles in allem handelte es sich um ein absurdes Produkt, das man schnell liebgewinnt wie einen schielenden Hund oder einen Bayern, der sich am Hochdeutschen versucht. Dieses Ding war einfach eine Kuriosität. Ich räumte ihm nicht allzu viele Chancen auf dem Markt ein, wer stellte sich denn so was ins Wohnzimmer? Ich sollte mich irren. Dieser Mix aus röhrendem Matchbox-Auto und Vitrine wurde ganz ordentlich abverkauft und blieb lange, lange Zeit im Sortiment. Der Preis? Haha. Halten Sie sich jetzt besser gut am Sessel fest: 365 D-Mark. Nur mal so zum Vergleich: Für das Geld kann man eine Woche nach Mallorca und dabei auch noch die Kuh fliegen lassen. Völlig irre. Aber so ferrarirot war Deutschland damals wirklich.

Mir fällt noch eins dieser spektakulären Nonsensprodukte ein: ein Fotoalbum aus Metall, für knapp 200 D-Mark, dafür natürlich mit einer Autogrammkarte von Michael Schumacher. (Ralf Schumacher hatte zwar auch seine Merchandisingartikel bei uns im Shop platziert, aber er war weder so erfolgreich noch so populär wie sein großer Bruder. Seine Geschäfte liefen nicht ganz so prima, freundlich ausgedrückt. Mit ihm und seiner Karriere verbindet man bis heute nicht umsonst weder eine Farbe noch ein anderes Markenzeichen. Es ist traurig, aber alles, was von Ralf Schumacher am Ende wirklich bleibt, wird wohl Cora sein.)

Trotzdem, der rote Michael allein knallte uns die Umsätze nur so durch die Decke. Hans Mahr hatte den richtigen Riecher gehabt. Alles im Umfeld der Formel 1 machte damals Furore, dazu musste man nicht einmal viel können. Dementsprechend viel Spaß hatten auch Alex und meine Wenigkeit. Ich machte meinem Namen als *Schreihals* alle Ehre, und der *Bescheidwisser* faselte sich ohne Rücksicht auf Schumis Konkurrenten durch die Formel-1-Geschichte. Man kann nicht wirklich behaupten, dass wir objektive Begleiter der Rennsaison gewesen wären. Aber unser extrovertierter Einsatz machte sich bezahlt. Im wahrsten Sinne des Wortes. Ich bin nicht so gut darin, mit Rekordzahlen zu jonglieren. Mein Job macht mir Spaß, und wenn er dann auch noch Geld einbringt, umso besser. *Diese* eine Zahl aber werde ich wohl in meinem ganzen Leben nicht vergessen: In der ersten BOXENSHOP-Sendung machten wir innerhalb von zwanzig Minuten sagenhafte 340 000 D-Mark Umsatz. Ist das der Hammer! Und womit? Natürlich auch mit Flaggen, Handtüchern, Modellautos und Ferrari-T-Shirts und allem Roten, was nicht bei drei auf dem Baum war. Unser absoluter Bestseller aber war das rote Käppi. (Ein paar hundert gingen vermutlich an Niki Lauda.)

Unsere Lieferanten hatten bald Probleme, genügend rote Mützen und T-Shirts ranzukarren, die wurden uns quasi noch in der Sendung ausverkauft. Was wir da anrichteten, konnte man auf Schützenfesten vor allem im Kölner Raum wunderbar nachvollziehen: Wo früher multifarbige Vielfalt auf den Köpfen und an den Leibern der Herren vorherrschte, dominierte nun die Farbe Rot das Geschehen. Zeitweilig sah es an solchen Orten so aus, als ob die freiwilligen Feuerwehren aus ganz Deutschland zusammengekommen wären. Leider ging auch diese schöne Zeit irgendwann vorbei. Ich bin gar nicht sicher, ob die Verkäufe nachließen, weil Michael Schumacher langsam müder wurde oder ob die rote mützenfreien Zonen in Deutschland einfach dramatisch geschrumpft waren. Fest steht nur: Den Bescheidwisser und den Schreihals gibt es momentan im deutschen Fernsehen nicht. Aber wir beobachten die Situation ganz lässig aus den Augenwinkeln. Wenn sogar der alte Holzmichl aus Kerpen auf den Formel-1-Strecken der Welt ein Comeback feiert, dann können wir das doch wohl auch? Behaltet uns im Auge, Freunde!

Lernen mit Spaß! – Das ultimative Teleshopping-Quiz

Stellen Sie sich folgenden Sachverhalt vor: Sie möchten etwas lernen über ein Land, eine historische Epoche oder Ihren Lieblingsverein, aber sich möglichst nicht dabei langweilen. In unserem speziellen Fall gehe ich einmal davon aus, dass Sie sich für meine Disziplin, das Teleshopping, interessieren. Sonst hätten Sie sich dieses Buch doch kaum gekauft! (Oder hatten Sie neulich Geburtstag und fanden dieses Büchlein verlegen auf dem Gabentisch? Pech, dann müssen Sie da jetzt durch!)

Und wie lernt man etwas am besten und effektivsten, wenn man sich nicht seitenlang durch langwierige Erklärungen und öde Fachbegriffe fräsen will? Genau, spielerisch. Mit einem kleinen Quiz zum Beispiel. Aus diesem Grund möchte ich Ihnen nun die Gelegenheit geben, das Wissen, das Sie sich bis jetzt schon über meinen Berufsstand und die lustige, bunte Welt des Teleshoppings angeeignet haben, zu erweitern und zu vertiefen. Zehn Fragen und vierzig Antwortmöglichkeiten habe ich Ihnen ausgearbeitet. So können Sie auf eine lässige Art und Weise auch ein paar neue Informationen über dieses relativ junge Megabusiness erhalten, ohne dabei einzu-

ıch in Abgang. (Es handelte sich um eingebrannte

schlafen. Viel Spaß damit. Wer alle zehn Fragen im ersten Anlauf richtig beantwortet, darf sich Teleshop-Großmeister nennen und ist berechtigt, mir ein alkoholisches Erfrischungsgetränk auszugeben, wo immer er mich trifft! (Oder zwei.) Viel Glück dabei!

I. Was war das erste Produkt, das jemals im Teleshopping veräußert wurde?

a. Ein VW Käfer, der seit 1938 gebaut worden ist, was wunderbar zum 1939 erstmals in Deutschland entwickelten Deutschen Einheits-Fernseh-Empfänger E 1 passte.
b. Ein popeliger Dosenöffner, der in einem amerikanischen Radiosender für knapp zehn Dollar veräußert wurde.
c. Ein leistungsstarker Elektrohobel der Marke Black & Decker, den der Home Shopping Channel 1982 bei seiner Premiere auf die Ladentheke legte.
d. Der Flat Top, ein neuer Haarschnitt aus den fünfziger Jahren, für den ein amerikanischer Regionalsender Gutscheine einer Friseurkette verkaufte.

II. Für welches Teleshopping-Format oder welchen Teleshopping-Sender arbeitet(e) der bekannte deutsche Moderator und Schauspieler Walter Freiwald?

a. Showladen
b. RTL Shop

c. Allessauber TV
d. Preishit TV

III. Wie heißt ein 1986 in den USA gegründetes Teleshopping-Unternehmen, das seit 1996 auch in Deutschland sendet?

a. quoka
b. QVC
c. PVC
d. Q-tip

IV. Wie entstand der Name des Teleshopping-Kanals Channel21?

a. Die Bad Homburger Creme-Kultmarke 21 aus den siebziger und achtziger Jahren suchte im neuen Jahrtausend nach einem modernen Vertriebskonzept und entschloss sich, einen eigenen TV-Kanal zu gründen. Aus diesem entwickelte sich dann im Laufe der Zeit ein Vollprogramm mit Multi-Produkt-Konzept, kurz MPK.
b. Aus dem belgischen Private Equity Fonds Wallony formten 21 Aktionäre 2008 die Kapitalgesellschaft Channel21 Limited und gingen am 1. März 2009 als Channel21 auf Sendung. Von den ehemals 21 Gesellschaftern sind allerdings nur noch 14 im operativen Geschäft aktiv.

c. Der Geschäftsführer der Investorengruppe Aurelius AG aus München, die den RTL Shop im ersten Halbjahr 2008 kaufte, hatte noch keinen Namen für den neuen Sender – und dessen Vorgänger RTL Shop auf seiner privaten Senderskala zu Hause auf Sendeplatz 21 liegen. Den Rest können Sie sich denken.
d. Ursprünglich sollte Channel21 nach dem Übergang vom RTL Shop Channel24 heißen. Das angestrebte Ziel des Senders, vierundzwanzig Stunden am Tag live zu senden, sollte schon im Namen erkennbar sein. Doch der deutsche Nachrichtensender N24 legte Beschwerde ein und bekam vor dem Verwaltungsgericht Stuttgart Recht. Man einigte sich dann darauf, den Sender wenigstens Channel21 nennen zu dürfen.

V. Was ist ein Money Shot?

a. Ein verkaufsstarkes Bild oder eine Aktion im Teleshopping, das die Zuschauer an den TV-Geräten veranlasst, zum Telefon zu greifen.
b. Ein mehrsekündiger Packshot in der Münzshow TALER & DUKATEN, der den Zuschauer zu Hause über Aussehen und Umfang der zum Verkauf angebotenen Münzen aufklärt.
c. Ein Bild bzw. mehrere Bildsequenzen, die von der Bundesprüfstelle jugendgefährdender Fernsehbilder registriert und mit einem Bußgeld belegt werden. Wenn zum Beispiel in der Sendung NAHTLOS SCHÖN – UNTERWÄSCHE WIE EINE ZWEITE HAUT vor 20 Uhr

versehentlich nackte Brüste im Bild zu sehen sind. Oder als unsere Moderatorin Gitta in der Schmuckshow AMAZING STAR ein neues Produkt mit dem Satz ankündigte: »Jetzt möchte ich Ihnen noch meine neuen Schätze zeigen« und ihr dabei – sie behauptet versehentlich – ein Riemchen ihres Büstenhalters auf den Arm rutschte. Unser Justitiar hasst Money Shots.

d. Es handelt sich dabei um den (durchaus interessanten) Bonus, den der umsatzstärkste Teleshopping-Moderator am Ende jedes Geschäftsjahres erhält. Intern wird der Sieger dieses Wettkampfes auch der Shooter genannt.

VI. Welche der folgenden Sendungen gibt es bei Channel21 nicht?

a. FUNKELNDER GOLDFLUSS
b. IT'S TIME FOR ZPIN CHIC
c. GISELA MUTH CAVIAR LINE
d. MOBIL UNTERWEGS MIT RUDI ALTIG

VII. Was ist ein T-Caller?

a. Ein Mitarbeiter der Telekom, der die reibungslose Abwicklung der Telefon-Bestellungen und die Koordination zwischen Callcenter und Auslieferungslager überwacht.

b. Ein Insidergag auf Kosten der Moderatoren: So werden sie von allen, die nicht *vor* der Kamera arbeiten, genannt. Wobei das T für Trash steht.
c. Der Stöpsel im Ohr der Moderatoren, mit deren Hilfe sie die Anrufe von Zuschauern hören können.
d. Ein Kunde, der während einer Livesendung ins Studio gestellt wird, um mit dem Moderator der Sendung zu sprechen.

VIII. Über welche Eigenschaften muss ein Produkt verfügen, wenn es in einer Teleshopping-Sendung verkauft werden soll?

a. Ein ähnliches Produkt muss es bereits in hundertfacher Ausfertigung geben (vgl. Topf).
b. Ein vergleichbares Produkt muss im normalen Handel weniger als die Hälfte kosten.
c. Das Produkt darf nur eine Haltbarkeit von allerhöchstens zehn Wochen haben.
d. Das Produkt muss schlampig verarbeitet sein und aus China importiert werden.

IX. Welcher der folgenden Versprecher bzw. gewagten Sprüche ist von mir?

a. Das Schwänzchen darf ruhig auch sehr klein sein.
b. Dieser Rock hat einen Dehnbund, das heißt, die Nudeln haben Platz.

c. Machen Sie Ihrem Partner oder Ihrer Partnerin mal ins Bett!
d. Die Leitungen sind so voll wie ich am Wochenende.

X. Was passierte einmal einem Kunden bei Channel21, der einfach nur eine Bohrmaschine bestellen wollte?

a. Das neu eingerichtete Buchungssystem des Senders versagte und klickte die Bestellungen eines ganzen Tages auf seinen Account.
b. Der Mann aus Eutin stellte fest, dass die Dame, die er im Callcenter erwischte, den gleichen regionalen Sprachfehler hatte wie er selbst. Er flirtete eifrig mit ihr, heute sind die beiden verheiratet.
c. Er wurde als 100 000 Anrufer von Channel21 mit einer einwöchigen Reise nach San Franciso belohnt!
d. Ihm wurde ganze vier Mal ein falsches Produkt an seine Adresse geliefert: ein Bartschneider, ein Elektrohobel, eine Elektrosäge sowie eine Singer-Nähmaschine.

amit können Sie abends mal weggehen und einen

Auflösung

I. Antwort b ist richtig!

Als Geburtsstunde des Teleshoppings gilt merkwürdigerweise der Tag, an dem ein lokaler amerikanischer Radiosender (!) 1977 Dosenöffner in seinem Programm verramschte. Hintergrund: Der Hersteller der Dosenöffner hatte Werbezeiten gebucht, konnte die aber nicht mehr mit Geld bezahlen und beglich deshalb seine Schuld mit den eigenen Waren. Der findige Verwalter des Senders, ein gewisser Lowell Paxson, kam dann auf die Idee, sie direkt im Programm zu verhökern. Sehr erfolgreich: Die Dosenöffner waren in kürzester Zeit ausverkauft. Paxson lernte schnell aus seinem Erfolg: Er gründete 1982 den ersten amerikanischen Teleshopping-Fernsehsender HSC (Home Shopping Channel).

II. Antworten a, b, c und d sind richtig!

Unser Freund Walter ist *das* Gesicht des deutschen Teleshoppings. Zwar wurde der 1954 geborene Wittmunder neben Harry Wijnvoord in DER PREIS IST HEISS und durch ein paar Auftritte in der Seifenoper UNTER UNS bekannt, aber die Bombenkarriere machte er erst als Verkaufsonkel im RTL Shop – da war er der Chefmoderator und ist heute noch gefürchtet ob seiner unwiderstehlichen Maskierungsfreude und den klassischen Freiwald-Sprüchen. Huldigen

auf dicke Hose machen. +++ Die Glocken läut

wir ihm mit einem seiner Evergreens: »Das Geld, das Sie hier sparen, können Sie auf Malle gut gebrauchen!«

III. Antwort b ist richtig!

QVC strahlt seit 1987 sein Programm auch in Deutschland rund um die Uhr aus. Das lohnt sich offenbar, denn der in Düsseldorf produzierende Sender ist mit 55 Prozent Marktanteil im Bereich des Teleshoppings Marktführer hierzulande. Seit September 2010 gibt's sogar einen zweiten Kanal: QVC Plus. Der Gesamtumsatz des Senders betrug im Geschäftsjahr 2010 stolze 710 Millionen Euro. Da kann man sehen, was in unserem Business über die virtuelle Theke geht.

Nur zur Information für Leute, die nun wirklich alles wissen wollen:

Quoka ist ein großes privates Anzeigenportal, PVC ist ein Kunststoff, den sie vermutlich aus dem Badezimmer kennen. Die Abkürzung steht für Polyvinylchlorid. Und schließlich Q-tip: Das ist entweder ein Wattestäbchen zur Ohrsäuberung, das vom US-Amerikaner Leo Gerstenzang erfunden wurde, oder ein Hip-Hopper aus New York, je nachdem.

IV. Antwort c ist richtig!

Tatsächlich soll das bei der Namensfindung von Channel21 so gewesen sein. Was soll man auch teure Werbeagenturen mit einer solchen Aufgabe beschäftigen, wenn

ichtig, wenn sie laufen! (Zu den Laufsteg-

man sich im Konkurrenzumfeld von Pro7, N24 oder 9live aufhält?

V. Antwort a ist richtig!

Es handelt sich dabei im Fachjargon um ein verkaufsstarkes Bild. Das klingt natürlich jetzt etwas abstrakt. Ich möchte es Ihnen kurz erläutern: Wenn wir beispielsweise flambieren oder mit einem Reiniger einem spektakulären Fleck zu Leibe rücken, geht der Call, also der Eingang der Bestellungen, steil nach oben. Dann feuert mich der Producer an: »Los, flambier gleich noch eine Runde hinterher!« Und prompt geht die Stichflamme in der Alugusspfanne noch einmal hoch! Genau dafür gibt es dieses amerikanische Zauberwort Money Shot.

VI. Antwort d ist richtig!

Zwar ist Radsportlegende Rudi Altig (Spitzname: Die rollende Apotheke) im Alter von 74 Jahren wirklich noch im Teleshopping unterwegs, allerdings nicht bei Channel21, sondern beim Marktführer QVC.

Die anderen Sendungen gibt es tatsächlich. Auch wenn sich FUNKELNDER GOLDFLUSS in meinen Ohren anhört wie etwas, das man im Bordell unter Special Interest angeboten bekommt, hat man sich bei Channel21 für diesen hübschen Titel entschieden, wenn Schmuck – wie blitzende Colliers oder Ohrringe – unter die Leute gebracht werden soll. Auch die IT'S TIME FOR ZPIN CHIC-Show ist ein Highlight – besonders für Moderatoren, die gerne ins Stottern kommen, wenn sie nur den Namen der Sendung sagen wollen. Ach ja – verkauft werden farbige Uhren. Sehr farbenfroh. Man sollte eine Sonnenbrille dazu liefern. Schließlich Gisela Muths CAVIAR LINE. Auch das gibt's bei Channel21. Der Name ist allerdings für Uneingeweihte ein wenig irreführend. Es werden keine Kaviardöschen verkauft, sondern Kosmetika, die Proteine enthalten, die im Kaviar vorhanden sind. Was man alles lernt in diesem Geschäft – ganz toll.

VII. Antwort d ist richtig!

Im Glossar des ehemaligen RTL-Teleshoppingkanals RTL Shop kann man das sehr korrekt nachlesen: »Ein T-Caller (das T steht für Testimonial) ist ein Kunde, der während der Livesendung ins Studio gestellt wird, um dort dem Moderator oder Gast entweder eine Frage zum aktuellen Produkt zu stellen oder allgemeines Lob über die Sendung/Moderation/Präsentation abzugeben.« Sinn und Zweck der T-Caller ist es, den Livecharakter der Sendung zu unterstreichen und die Abverkäufe zu pushen.

VIII. Keine Antwort ist richtig!

Oder auch alle vier, je nachdem, aus welcher Warte man sich Teleshopping ansieht. Es ist wohl richtig, dass es immer noch eine Menge Vorurteile gibt, was die Seriosität von Teleshopping angeht. Und es ist sicher auch richtig, dass die Menschheit nicht unbedingt auf *jedes* angebotene Produkt gewartet hat, das bei uns angeboten wird. (Aber das gilt ja auch für H&M, Otto oder IKEA, wenn wir mal ehrlich sind.) Für die unter a–d vorgeschlagenen Antworten auf meine Frage bedanke ich mich ausdrücklich bei der Uncyclopedia, einer satirischen Enzyklopädie, die sich respektlos (aber komisch) auch mit dem Phänomen Teleshopping auseinandergesetzt hat. (Ich nehme das ernst mit der Kennzeichnung meiner Quellen. Ich setz doch meinen Doktorhut nicht aufs Spiel!)

IX. Antwort c ist richtig!

Ich wette, Sie hatten auf die Nummer vier, Antwort d. gesetzt. Nein, wo denken Sie hin: Das war unser aller Vorbild Walter Freiwald. Meine Kollegin Gitta war es, die in Sachen Ausstattung beim Manne nicht sonderlich anspruchsvoll zu sein scheint, und die junge Dame, die sich vor den Ausprägungen der Nudeln fürchtet, ist unsere allseits geschätzte Mitarbeiterin Manou gewesen. Und wie *ich* darauf kam, unseren Zuschauern diesen grässlichen Rat von der Bettnässerei zu erteilen, kann ich heute auch nicht mehr so genau sagen. Aber es ist ganz bestimmt nicht so, wie Sie denken, meine Damen und Herren. Es war ganz anders gemeint. Ganz anders. Ehrlich.

X. Antwort a ist richtig!

Da staunte ein Kunde aus dem Ruhrpott – nennen wir ihn Guido Schlönzke – nicht schlecht. Ein voll beladener Tieflader stand vor seiner Türe und wollte Waren im Wert von weit über 100 000 Euro abliefern, die er angeblich bei Channel21 bestellt hatte. Per Nachnahme zu zahlen übrigens. Es ist schon ein wenig merkwürdig, dass sich im Auslieferungszentrum des Senders niemand über die Großbestellung wunderte. Des Rätsels Lösung: Der Sender hatte just sein neues Buchungssystem freigeschaltet, als Guido Schlönzke sich entschloss, eine kleine Bohrmaschine zu bestellen. Versehentlich muss seine Lieferadresse auch für alle folgenden Bestellungen des ganzen Tages eingefroren worden sein. Da ist man schnell mal mit einem vollen LKW dabei – und einem dummen Gesicht, wenn man diese Summe aus dem Hut zaubern soll.

Schmeckt et?
(oder: Meine Karriere als Fernsehkoch)

Eine Karriere als Koch wurde mir nicht in die Wiege gelegt. Ich stamme aus dem Rheinland. Ich liebe mein Völkchen, aber unter kulinarischen Gesichtspunkten spielen wir in der Kreisliga. Oder was fällt Ihnen ein, wenn wir über die Kölner Küche reden? Halver Hahn etwa? Und was soll das sein? Ein halbes Hähnchen oder ein Broiler, sagen Sie? Netter Versuch, sollte man bei dieser Bezeichnung ja auch meinen. Ist aber falsch. Es handelt sich dabei um den kölschen Ausdruck für ein simples Roggenbrötchen mit Käse. Das Brötchen wird mit Butter, ein bis zwei dicken Scheiben Gouda, saurer Gurke, Senf, Zwiebeln und einer Prise Paprikapulver serviert. Fertig. Ich erwähne das nur, um zu beweisen, wie profan und bodenständig die Kölner Küche sich gibt – selbst, wenn es um die vermeintlichen regionalen Spezialitäten geht. Ich gestehe: Mein Essverhalten in jungen Jahren war noch erbärmlicher. Da wäre der halve Hahn schon der Bringer gewesen, so unter ernährungswissenschaftlichen Gesichtspunkten. Für mich war gutes Essen immer gleichbedeutend mit einem Kölsch, noch einem Kölsch und dann vielleicht einem fettigen

mischen Sie Weiß mit ein bisschen Grau, dan

Reibekuchen vom Imbiss. Und den Spruch »Das bisschen, das ich esse, kann ich auch trinken!« kenne ich nicht nur aus Büttenreden. Alternativ zum Reibekuchen durften es natürlich auch ein paar Fritten vom Büdchen sein oder, wenn es etwas feiner zugehen sollte, eine Portion Frittüren aus einer Speisegaststätte. Das ist natürlich dasselbe, aber zu Option zwei kann man auch eine Krawatte tragen.

Das ist so in etwa der Humus meiner kulinarischen Sozialisation. Plus des Spruchs meines Onkels, der bei jedem Essen im Familienkreis die dargebotenen Speisen auf einem Teller zermanschte und selbstbewusst verkündete: »Kött allet in eene Mach!« Außerdem war er der Ansicht, dass das Wichtigste beim Essen die Portionierung sei: Hauptsache viel drauf auf dem Teller! Das Essen durfte warm, aber nicht zu heiß sein, damit man beim Essen auch auf jeden Fall noch sprechen konnte. Wir sind halt gesellig, kann ich zu unserer Verteidigung nur vorbringen. Möglicherweise besteht zwischen dieser Esskultur und dem Umstand, dass sich gerade bei uns im Rheinland die Gulaschkanone noch so wacker schlägt, ein gewisser Zusammenhang.

Die Vorliebe für eher rustikale Küche hat sich bei mir jedenfalls bis heute konserviert. Schischi-Cuisine ist nicht meins, obwohl ich inzwischen ein Profi in der Küche bin. Mein Held am Herd heißt dementsprechend auch Alfred Biolek und nicht etwa Jamie Oliver oder Paul Bocuse, auch wenn sie jetzt lachen mögen: Der gute Alfred geht mit bacchantischer Sinnesfreude und großen Portionen ran, er liebt ein massives Steak und würde diese neue Reagenzglasküche sicher nicht einmal wahrnehmen. Und ganz egal, ob er Huhn macht oder halven Hahn: Er gießt sich dabei gerne auch einen guten Tropfen hinter die Binde (zumindest war das bis Mai 2011 der Fall ...). Das ist in etwa auch mein Konzept, so im Großen und Ganzen.

Dass ich überhaupt ein Konzept in der Küche habe, war früher nicht abzusehen. In meiner Zeit als junger und geselliger Autoverkäufer befand sich lediglich Bier in meinem Kühlschrank, eine verschrumpelte Paprika, die dort jahrelang in Einzelhaft einsaß, sowie einige Speisekarten von Pizza-, Sushi- und Chinamann-Bringdiensten. Abwechslung muss sein, sag ich immer.

Wenn nun ein Kerl wie ich von Pizza vom Bringdienst-Verein auf Coq au vin und andere selbstgemachte Köstlichkeiten getrimmt wird, steckt ja normalerweise eine Frau dahinter. In meinem Fall aber war das anders. Mein Cousin Thomas ist schuld. Den kennen Sie schon, das ist derselbe Cousin, der mich als Probekandidat siebzehn Mal zu WETTEN, DASS ..? geschleppt hat und dem ich meine TV-Karriere überhaupt erst zu verdanken habe. Jedenfalls war er vom Aufnahmeleiter zum Fernsehproduzenten bei VOX aufgestiegen und brauchte für TV Gusto einen Herrn, der sich mit einem Profikoch in eine Showküche stellte und vor der Kamera so tat, als könne er kochen. Einen Typen wie mich, der viel erzählt, wenn der Tag lang ist – auch wenn er vom Thema nicht sooo wahnsinnig viel Ahnung hat. Thomas wusste, dass ich mich gewissenhaft auf meine Sendungen vorbereitete – insofern hielt er es wohl für kein großes Risiko, mich sogar in

Feuchte - alle Milben wollen das - und all

eine Küche zu stellen. Ich würde mich schon nicht ganz blöd anstellen.

Nun. Sagen wir mal so: Für alle unmittelbar Beteiligten und die TV-Zuschauer, die mir da in den ersten Sendungen zuschauten, muss es eine echte Überraschung sein, wenn ich heute meine beiden Hände hochhalte und noch alle zehn Finger vorzeigen kann. In den allerersten Sendungen beschränkte sich mein Tun auf Wasserkochen und freundliches Grinsen – schon beim Zwiebelschneiden war das Risiko zu groß, dass Blut vor der Kamera floss. Aber ich bin ein aufmerksames Kerlchen. Ich merkte nach ein paar Wochen bei TV Gusto: Kochen ist keine Zauberei! Ich schaute mir akribisch ab, was die vielen Profis da neben mir alles zubereiteten, mit welchen Tricks sie arbeiteten, und siehe da – nach einem Jahr hätte ich theoretisch schon gewusst, wie der Herd funktioniert. Nein, ernsthaft: Ich lernte stetig dazu. Ich schrieb mir zu Hause sogar Rezepte auf. Ich!

Seitdem habe ich ungelogen etwa achthundert Sendungen bei TV Gusto bestritten. Ich könnte locker aus der Hüfte genug Rezepte aufsagen, um das Monatsprogramm einer Mensa zu bestücken. Einer leckeren Mensa, möchte ich ohne Übertreibung hinzufügen (auch wenn sich das vielleicht wie ein Widerspruch anhört). Schließlich habe ich in gleich drei Sendungen lange Jahre mitgemischt: Da wäre zuerst einmal ECHT LECKER. Das war ein Format, in dem ein Koch aus seiner Region ein Rezept mitbrachte, das wir dann gemeinsam zubereiteten – und anschließend wegputzten. Meine Güte, das war meistens wirklich *echt lecker* – was auch daran zu erkennen war, dass ich in

Produktionswochen immer Probleme mit meinem Gürtel hatte. Seit dieser Zeit darf ich mich auch als Buchautor bezeichnen: Zusammen mit meinen Gastköchen haben wir drei Kochbücher veröffentlicht!

Dann gab es da noch eine Sendung mit dem ziemlich einfallsreichen Namen BACKEN. Möglicherweise erraten Sie ja schon, worum es in dieser Sendung ging: Mehlspeisen rauf und runter, die Spezialisten von Dr. Oetker gaben alles, um meinen persönlichen Body Mass Index zu ruinieren. Ich habe es trotzdem sehr genossen, das können Sie mir glauben. Zu guter Letzt aber möchte ich Ihnen meine Lieblingssendung bei TV Gusto vorstellen: GUGLHUPF. Das klingt nicht nur heimelig, das war es auch. Mit einer zünftigen älteren Dame kochte ich hier fröhlich nach Großmutters Rezepten. Köstlich. Köstlich. *Köstlich*. Reiner Sex am Küchentisch!

Im Fernsehen bin ich in Kochsendungen momentan nicht mehr so häufig am Start. TV Gusto ist ja leider Pay-TV geworden. Doch zum Glück werde ich sehr viel auf Gastronomiemessen gebucht. Das macht immer wieder große Freude, selbst wenn ich von einem Hersteller von Camouflage-Kochjacken gebucht werde und aussehe wie der Leibkoch eines afrikanischen Warlords.

Schließlich gibt es da noch einen herrlichen Effekt, seit ich mich von TV Gusto zu einem richtigen Küchenmagier ausbilden ließ: Ich komme auch bei den Damen der Schöpfung viel besser aus der Kurve. Es ist zwar eine Binse, dass Liebe durch den Magen geht, aber wodurch zeichnen sich Weisheiten dieser Güteklasse aus? Genau – da ist wirklich was dran. Seit ich selbst aus den Resten im

Kühlschrank noch ein paar feine Köstlichkeiten herrichten kann, ertappe ich sogar meine kritische Freundin hin und wieder bei einem frisch verliebten Blick.

Inzwischen kann ich mir sogar vorstellen, später einmal ein schönes Restaurant aufzumachen, oder ein Weinlokal, in dem es eine kleine Karte täglich wechselnder Köstlichkeiten gibt. Steak müsste allerdings dabei sein. Steak muss *immer* dabei sein.

So auch bei meinem Ausflug in die schillernde Welt des Promidaseins. Jaha, auch ich wurde bereits einmal zu DAS PERFEKTE PROMI DINNER eingeladen. Das war im November 2008. Meine Gegner in dieser Runde der erstaunlich erfolgreichen Sendung hießen Marcel Wüst, Elke Koska und Kai Noll. Das Schöne am Promidinner ist ja, dass man gleich zwei Formate auf einmal bedient: die Kochshow mit der Fragestellung »Wer kocht wohl das beste Dinner?« und gleichzeitig die Rateshow für den Zuschauer zu Hause, der sich fragt: »Wer, verdammt noch mal, ist dieser Promi?«

Ach, vergessen Sie den letzten Satz, ich wollte doch keine schalen Scherze mehr machen. Also, nur für den unwahrscheinlichen Fall, dass Sie nicht wissen, wer Marcel Wüst, Elke Koska oder Kai Noll sind, folgt eine kurze Vorstellung der Kandidaten.

Marcel Wüst ist ein ehemaliger Radprofi, der zweimal an der Tour de France teilnahm. Er beendete seine Laufbahn nach einem schweren Sturz und wurde zuerst ARD-Radsportexperte, später Pressesprecher bei diversen Rennställen.

Elke Koska wiederum ist eine Künstlerin und gilt als

Muse des berühmten Künstlers HA Schult. Elke Koska bezeichnet sich selbst als lebendes Kunstwerk, und so muss man sie sich auch vorstellen, rein optisch. Elke ist eine Seele von Mensch, wirklich saulustig. Allein die bunte Bude, in der sie uns empfing – die Frau lebt unter der Deutzer Brücke in einem Brückenpfeiler!

Schließlich hatten wir auch noch einen richtigen Schauspieler und Musiker dabei, Kai Noll. Er spielte in Musicals in Hamburg und in der RTL-Serie UNTER UNS.

Eine nette Truppe, fürwahr. Natürlich war ich ehrgeizig. Als passionierter Speisenzubereiter hielt ich mich für leicht favorisiert. Doch es sollte anders kommen.

Marcel Wüst legte im Prolog einen mäßigen Start hin: Datteln im Speckmantel an Feldsalat. Auf der Königsetappe kredenzte er Filet vom Schwein mit Blattspinat und Camembert, im Dessertfinale ließ er es mit Apple Crumble mit Vanilleeis und Sahne kalorientechnisch ganz gut krachen. Das war alles nicht unbedingt sterneverdächtig: Den Radelfex konnte ich schlagen!

Es folgte Kai Noll mit seinem Jakobsmuschel-Einstieg in Soja-Reisweinsoße. Seine Hauptspeise Mala doufu und Tigerprawns mit Wasserkastanien klingt zugegebenermaßen recht ambitioniert, sah aber in der Pfanne aus wie etwas, das noch lebte. Auch die süße Ingwer-Reisbällchen-Suppe war jetzt nicht *so* mein Fall. Mir war klar – den versäge ich sogar mit einer Mikrowelle.

Elke Koska aber, diese Schmuse-Muse, die war nicht zu unterschätzen. Schon allein die Namen, die sie ihren Kreationen mit auf den Weg gab, waren kreativ und lustig. Sie eröffnete den Fresscontest mit »Fisch

Dehnbund, das heißt, die Nudeln haben Platz! +

trinkt Kaffee«, was sich als Lachsfilet mit Trüffeln entpuppte. Interessant und lecker. Im Hauptgericht wurde von Elke die Völkerverständigung beschworen, »Asien grüßt Amerika« hieß ihre hübsch anzusehende Entenbrust-Kalbsfilet-Kombination. Selbst das Dessert war als »Ver-rückte Klassiker« extrem kreativ zubereitet, dabei waren es im Grunde doch auch bloß Früchte mit Schokolade. Mir war gleich klar: Elke wird mein härtester Konkurrent.

Ich hatte mir natürlich auch was ganz Besonderes ausgedacht und es im Vorfeld der Sendung gleich dreimal zu Hause probiert. Das machte meine damalige Frau noch nervöser als sie ohnehin schon war. Schließlich kam jetzt das Fernsehen zu uns nach Hause! Himmel hilf! Als Starter präsentierte ich meinen Mitstreitern ein lauwarmes Lachscarpaccio mit Honig-Senf-Soße, das kam schon mal nicht schlecht an. Den Hauptgang hatte ich mir von Alfred Biolek ausgeliehen: Thymiansteak vom Rind mit einer beschwipsten Knolle. Da war es wieder, mein Steak. Der beschwipste Anteil kam von Bio, meine Gäste schmatzten zufrieden. Schließlich mein Bonusdessert: »Tiramisu op Kölsch«, bestehend hauptsächlich aus Mascarpone, Pumpernickel und Kirschwasser. Eine tödliche Waffe mit 350 Kalorien, in kalte Weckgläser geschichtet – auch optisch ein Genuss.

Ich weiß wirklich nicht, woran es gelegen hat, aber am Ende fehlte mir ein Punkt. *Ein* blöder Punkt. Ich wurde Zweiter, knapp geschlagen von Muse Elke. Doch ich muss fairerweise gestehen: Elke kann was am Herd. So ausgeflippt die Frau auch sein mag, Kai Noll hatte vollkommen

einheit ganz ohne Hygiene! +++ Und bei uns sitzt

Recht, als er über ihr Dinner urteilte: »Die Synapsen haben im Mund vor Freude gejodelt!«

Was soll's: Ich sollte glücklich sein. Ohne meine Zeit als TV-Koch beim Fernsehen wüsste ich vermutlich heute noch nicht, dass man aus Kartoffeln auch was anderes zubereiten kann als Pommes. Und da sagen die Leute immer, Fernsehen verblödet. In meinem Fall ist genau das Gegenteil die Wahrheit. Das muss doch auch mal gesagt werden.

Meine beiden 911er (oder: Im Würgegriff des Teleshoppings – eine Art Nachwort)

Ich bin kein Freund von regelmäßiger Arbeit. Oh, das klingt jetzt vielleicht ein wenig missverständlich. Es soll nicht heißen, dass ich mich nicht gern an der Steigerung des bundesdeutschen Bruttosozialprodukts beteilige. (Das haben Sie doch hoffentlich schon über mich gelernt: Ich mach meinen Job wirklich gerne!) Was ich sagen will: Ich bin nur nicht unbedingt der *9 to 5*-Typ. Ich mag keine Routine. Ich mag es hingegen sehr, zwischen den unterschiedlichen Fronten hin- und herzuspringen. Heute noch die 10-Uhr-Morgenshow mit der Pfanne in Hannover, am nächsten Tag eine Messe in München und am Wochenende Moderator auf der Feier eines DAX-Unternehmens im Breisgau – das ist genau so, wie ich gerne arbeite. Hauptsache turbulent. Hauptsache nicht langweilig.

Auf der anderen Seite bin ich natürlich auch ein Familienmensch. Kann jeder bestätigen, der mich kennt. Hömma Leute, ich bin aus Burscheid! Da kommt man mit Schischi nicht in die Pötte. Wer sich da aufbläst wie das Fliewatüüt, den ziehen sie an den Schlappohren bis nach Paffenlöh und lassen ihn im Straßengraben liegen. Heißt:

eit, und Plissima, das sind kleine Fältchen, die

Immer schön aufm Boden bleiben. Und wenn man schon so einen leichten Hang zum Karnevalistischen hat wie ich, dann sollte man wenigstens aufpassen, die Leute hier nicht allzu sehr zu provozieren. Mit so albernen Statussymbolen wie einem roten Porsche Cabrio zum Beispiel.

Wie bodenständig ich wirklich bin, zeigt zum Beispiel eine Sache, auf die ich wirklich stolz bin: Meine beiden Kinder wurden im gleichen Kreißsaal geboren wie ich. St. Remigius in Opladen. Kein Witz, können Sie nachschauen. (Falls ich das Stammbuch der Kinder wiederfinde.) Doch, so was freut mich wirklich, ich finde das schön. Meine Ex-Frau hätte es natürlich noch ein klein bisschen schöner gefunden, wenn ich bei der Geburt der Kinder auch dabei gewesen wäre, um ihre Hand zu halten. Tja. Da wären wir wieder bei meinen turbulenten Arbeitsbedingungen, siehe oben, und den Problemen, die sich daraus ergeben können: Als mein Sohn Kai am 3. September 1999 geboren wurde, stand ich gerade auf einer Bühne und moderierte eine Veranstaltung für Aiwa auf der Funkausstellung in Berlin. (Dass ich dank Aiwa Jahre später meine Premiere als Sänger mit eigener CD haben würde, war damals noch nicht abzusehen.)

Na klar. Ich wäre lieber in Burscheid bei meiner damaligen Frau, beziehungsweise in Opladen bei ihr im Krankenhaus gewesen. Doch bevor ich nach ihrem aufgeregten Anruf meinen Koffer in Berlin gepackt und mir einen Platz im nächsten Flieger nach Hause gesichert hatte, war es schon zu spät: Kai war da und schrie auch ohne meinen Beistand nach Leibeskräften. Immerhin bewies ich nach meiner Ankunft in der Heimat gleich wieder ausreichend Bodenständigkeit und feierte mit meinen Freunden aus der Prinzengarde Leverkusen die Ankunft des Stammhalters mit einer extrem feuchten und ebenso fröhlichen Sause.

Damals schwor ich mir allerdings, dass ich mich nicht noch einmal von meiner Arbeit überrumpeln lassen würde. Sollte ich wieder Vater werden, dann stünde ich im Kreißsaal parat wie eine Eins, das hatte ich mir fest vorgenommen.

Es dauerte gar nicht so lange, bis ich diesen Vorsatz in die Tat umsetzen konnte: Drei Jahre später kündigte sich meine Tochter an. Ich hoffte auf ein blitzsauberes Funkenmariechen: Ausgezählt war sie schließlich punktgenau am 11.11.2002. Einer der höchsten Feiertage im Jahr für jeden echten Rheinländer. Falls sich wer nicht auskennt – da beginnt ganz offiziell die närrische Session.

Am 9. November verließ ich also noch ganz arglos das Krankenhaus, der RTL Shop rief. An dem Tag auf dem Programm für mich: Haushaltsreiniger in allen Variationen. Ich ging völlig unbeschwert von dannen und dachte nicht im Traum daran, dass ich schon wieder den gleichen Fehler wie beim ersten Kind machen würde. Zumal Arzt und unsere Hebamme sooo sicher waren, dass sich Pia Zeit lassen würde, auch wenn meine Ex-Frau vorsorglich schon einmal im Krankenhaus auf ihre zweite Niederkunft wartete.

Also erschien ich pflichtbewusst, wie ich nun mal bin, bei der Arbeit und verkaufte Haushaltsreiniger. Wie sich herausstellen sollte, hatten sich alle unmittelbar am Geburtsprozess beteiligten Personen geirrt. Meine Tochter

en! +++ Und weil die Arzu Türkin ist, darf sie

hatte es plötzlich ganz schön eilig, auf die Welt zu kommen. Wie ich später erfuhr, schauten meine ehemalige Frau und ihr Ärzteteam sogar noch ein paar Minuten beim RTL Shop rein, um mir bei der Arbeit zuzusehen. Doch als auf einmal die Wehen einsetzten, war natürlich keine Zeit mehr, mich rechtzeitig aus dem Sender nach Opladen zu karren. Mein Handy hatte ich meinem Freund und Producer Stephan gegeben. Für den Fall der Fälle sollte er mich schnellstens informieren, damit ich aus dem Studio sprinten konnte. Doch das war unnötig. Als Stephan auf meinem Handy angerufen wurde, war der Drops bereits gelutscht: Pia war da. Und ich mal wieder nicht. Ich verhökerte nichtsahnend Haushaltsreiniger mit HiGloss. Erst, als ich die grinsenden Gesichter des ganzen Studioteams am Ende der Sendung um mich herum wahrnahm, roch ich den Braten. Und der war schon aus der Röhre, wenn ich das mal so salopp ausdrücken darf. Möglicherweise werde ich es beim nächsten Mal schaffen, in der Nähe zu sein, wenn das Schicksal noch mehr Kinder für mich vorgesehen haben sollte – aller guten Dinge sind schließlich drei.

Wenigstens einer Tradition blieb ich treu: Zusammen mit meinen Freunden von der Prinzengarde Leverkusen ließ ich Pia ordentlich pinkeln. Und am Tag danach war ich nicht in der Lage, meinen Job vor der Kamera wieder aufzunehmen. Mein Freund und Kollege Uwe musste einspringen. Erst am 11.11. war ich wieder ausgenüchtert und zum Dienst vor der Kamera fähig. Ausgerechnet an diesem hohen Feiertag konnte ich nur am Selters nuckeln – was für eine Verschwendung!

Nur in einer Hinsicht kam mir die vorschnelle Geburt meiner Tochter ganz recht. Es hängt mit ihrem Geburtsdatum zusammen: 9. November. Oder besser, weil zielführender ausgedrückt: 9.11.!

»Das ist doch ein Super-Omen!«, erklärte ich meiner verblüfften Ex-Frau. »Unser Kind ist am 9.11. geboren!«

»Na und?«, fragte sie zurück, sichtlich nicht an esoterischen Zahlenspielchen interessiert.

»Na, wegen des Autos – sie will mir damit indirekt sagen, dass sie meinen neuen Wagen toll findet!«

Okay, Leute, ich weiß selbst, wie bekloppt das klingt. Aber ich war wirklich dankbar, dass ich dieses Thema mit meiner damaligen Frau einmal spielerischer angehen konnte als in den Tagen davor. Fakt ist: Ich hatte mir einen Kindheitstraum erfüllt. Sie wissen ja, was ich für ein Autofanatiker bin. Und einmal einen schnittigen Porsche zu fahren, einen 911er, das war immer mein Traum. Nicht der meiner Ex-Frau. Die hielt so ein Gefährt eher für überflüssig, gefährlich und ein bisschen gaga noch dazu. Doch in diesem Fall musste ich mich einfach durchsetzen.

Natürlich gibt's ein solches Geschoss nicht beim Teleshopping zu kaufen. Sondern bei meinem Kumpel Olli, Deutschlands Porscheverkäufer Nummer eins (kein Witz!). Ich hatte ihm immer wieder von so einer Kiste vorgeschwärmt, obwohl ich wusste, dass es sich hierbei um ein fahrendes Klischee handelte. Für viele Menschen ist der Porsche bloß eine Penisverlängerung für all jene Profilneurotiker, die nicht den Wunsch hegen, ab und zu mal einen Kasten Selters im Kofferraum zu verstauen. Für mich aber, der ich Kfz-Mechaniker gelernt und mein Leben lang begeistert Auto gefahren bin, ist es das perfekte Gadget schlechthin. Die Vorstellung, jemals so ein Ding zu besitzen, konnte mich schlagartig in Ekstase versetzen.

Meine Ex-Frau allerdings bevorzugte die Gemütslage *verzagt* bis *angefressen*, denn so ein schnelles Geschoss hat ein ganz schlechtes Image. Sie können sich als Porschefahrer aussuchen, ob sie lieber als potentieller Verkehrsrowdy gelten oder als eitler Affe mit ausgewachsenem Angeber-Gen. Meistens kommt beides zusammen. Mir war's im Prinzip wurscht. Ein Großer muss da durch, war meine Losung damals.

Das war so in etwa die Sachlage, als Olli anrief und von einem 911 Cabrio in Rot erzählte – schwarzes Dach, nur knapp 90 000 gelaufen, luftgekühlt, stolze 231 Pferdchen unter dem Deckel. In Mailand stand dieses Gefährt und wartete darauf, versteigert zu werden. Kurzentschlossen hob ich die Hand, beziehungsweise Olli erledigte das für mich. Schon war ich für einen Schnäppchenpreis zum Porschefahrer geworden. Wir transportierten das Spielzeug nach Burscheid, wo wir es zusammen in monatelanger Arbeit auf Vordermann brachten. Seit neun Jahren besitze ich meinen Porsche jetzt schon, und es ist wie bei meinen Sendungen im Fernsehen. Wenn ich mich reinsetze, schlägt mein Herz höher. Es mag dem ein oder anderen ein wenig albern erscheinen, dass mir ein *Auto* solche Gefühle abverlangt, aber was soll ich sagen: Im VW Polo oder Škoda Kombi wäre mir langweilig. Natürlich fahre ich meine rote Rennschleuder nicht allzu häufig, und ich habe sie auch nicht bei mir zu Hause vor der Tür stehen. Nee, der Porsche steht brav bei meinen Eltern in der Garage und wartet auf sonnige Tage. Wenn der Tag kommt, an dem ich mich in die Kiste setze, ohne dass sich mein Pulsschlag erhöht, werde ich sofort eine Verkaufsanzeige in mobile.de setzen. Da bin ich konsequent. Siehe oben: Ich mag keine Routine. Das Gleiche gilt für meinen Job. An dem Tag, an dem ich nicht mehr gerne vor die Kamera trete, um eine Pfanne, einen Dampfreiniger oder von mir aus auch einen Haushaltsreiniger anzupreisen und zusammen mit meinen Zuschauern eine Menge Spaß zu haben, höre ich auf. Garantiert. Ich habe zwar keine Ahnung, was ich dann machen werde, so beruflich, aber hey, das wird sich dann schon weisen. Vorläufig gilt, und ich kann es nicht oft genug sagen: Ich habe immer noch Bock auf jede Sendung!

Bleiben Sie mir gewogen. Alles wird gut.

Und: Wer mir das nicht abkauft, ist selber schuld.

Beknackt Verknackt

Justus Richter
ÖFFENTLICHE
MÜLLEIMER DÜRFEN
NICHT SEXUELL
BELÄSTIGT WERDEN
Die wahnwitzigsten
Gesetze aus aller Welt
192 Seiten
ISBN 978-3-404-60246-9

Unglaublich aber wahr: In North Carolina ist Niesen auf offener Straße bei Strafe untersagt und in Wisconsin darf ein Mann nicht mit einer Waffe schießen, um den Orgasmus seiner Frau anzuzeigen. – Die strenge Welt des Rechts steckt voller absurder Überraschungen. Aber zum Glück ist Lachen noch nicht strafbar – zumindest soweit uns bekannt.